TEXTS AND STUDIES

CONTRIBUTIONS TO
BIBLICAL AND PATRISTIC LITERATURE

EDITED BY

J. ARMITAGE ROBINSON D.D.
HON. PH.D. GÖTTINGEN   HON. D.D. HALLE
CANON OF WESTMINSTER

VOL. V.

No. 5: CLEMENT OF ALEXANDRIA'S
BIBLICAL TEXT

THE BIBLICAL TEXT OF

CLEMENT OF ALEXANDRIA

IN THE FOUR GOSPELS AND THE ACTS OF
THE APOSTLES

COLLECTED AND EDITED

BY

P. MORDAUNT BARNARD M.A.

CHRIST'S COLLEGE CAMBRIDGE

WITH AN INTRODUCTION

BY

F. C. BURKITT M.A.

TRINITY COLLEGE CAMBRIDGE

PUBLISHERS
Eugene, Oregon

Wipf and Stock Publishers
199 W 8th Ave, Suite 3
Eugene, OR 97401

The Biblical Text of Clement of Alexandria
In the Four Gospels and the Acts of the Apostles
By Barnard, P. Mordaunt
ISBN: 1-59244-833-X
Publication date 8/26/2004
Previously published by Cambridge, 1899

PREFACE.

THE following pages contain an attempt to set before students in a readily accessible form the text of the Gospels and Acts used by Clement of Alexandria, as far as it can be recovered from his extant writings. I hope that the system of indicating variants will draw attention at once to those of special interest, and will prevent minor ones from being overlooked. In the notes at the foot of each page I have called attention to some of the evidence which may help to throw light on Clement's readings: in doing this I have found Resch's *Aussercanonische Paralleltexte* (Texte u. Untersuchungen, vol. x.) of the greatest use.

The text of the Quotations (except the Fragments) is founded on my own collations of the MSS. I have to thank my friend, Dr Otto Stählin, who possesses independent collations of F, M, P, and L, for very carefully revising this part of the work. I have not thought it worth while to record all the minor orthographical variants, but I have nowhere departed from the reading of the MSS. without noting the fact. The text of the Fragments I have taken from Zahn's *Forschungen zur Geschichte des nt. Kanons*, III. Theil: the readings of Cod. Berol. Phill. 1665 of the *Adumbrationes* are taken from Harnack's *Geschichte der altchristlichen Litteratur*, I, pp. 306 f.

My best thanks are due to the Editor of this Series and to Mr F. C. Burkitt for much valuable help and advice: to the latter I am especially indebted for his kindness in supplying a most suggestive account of the general character of the text used by Clement.

P. MORDAUNT BARNARD.

HEADLEY RECTORY, NEAR EPSOM.
  May, 1899.

INTRODUCTION.

BY F. CRAWFORD BURKITT, M.A.

"I REQUEST," says the Quarterly Reviewer in Dean Burgon's *Revision Revised*, "that the clock of history may be put back seventeen hundred years. This is A.D. 183, if you please: and—(indulge me in the supposition!)—you and I are walking in Alexandria. We have reached the house of one Clemens,—a learned Athenian, who has long been a resident here. Let us step into his library,—he is from home. What a queer place! See, he has been reading his Bible, which is open at S. Mark x. Is it not a well-used copy? It must be at least 50 or 60 years old. Well, but suppose only 30 or 40. It was executed therefore *within fifty years of the death of S. John the Evangelist.* Come, let us transcribe two of the columns (σελίδες) as faithfully as we possibly can, and be off....We are back in England again, and the clock has been put right. Now let us sit down and examine our curiosity at leisure....It proves on inspection to be a transcript of the 15 verses (ver. 17 to ver. 31) which relate to the coming of the rich young Ruler to our LORD.

"We make a surprising discovery......*It is impossible to produce a fouler exhibition of S. Mark x 17—31 than is contained in a document full two centuries older than either B or ℵ,—itself the property of one of the most famous of the ante-Nicene Fathers.*"

Far be it from the present writer to attempt to rival the lively style or the sweeping adjectives of the late Dean of Chichester. If we cannot always accept his conclusions, we may at least acknowledge that his picturesque narrative has put clearly and accurately the decisive question. As he himself says (*Revision Revised*, p. 329): "The foulness of a text which must have been penned within 70 or 80 years of the death of the last of the Evangelists, is a matter of fact—which must be loyally accepted, and made the best of." Mr Barnard has paid a longer and less hurried visit than Dean Burgon's flying call. He has copied out all the marked places in Clement's Bible as far as the Gospels and Acts are concerned: we see at a glance what selection of passages Clement in his somewhat voluminous writings found occasion to quote, and we can compare for ourselves the text of these passages with our Greek MSS and the early versions[1].

Before actually examining Clement's quotations, let us for a moment consider what we might have expected to find. Since the publication of the Revised Version and Dean Burgon's strictures on it, investigations and discoveries have been made which bear directly on our subject. The general result is quite clear. Whether ℵ and B are, as Dean Burgon has it, 'two false witnesses,' B at least can no longer be regarded as a mere 'curiosity' (*Rev. Revised*, pp. 318, 319). There can now be little doubt that this MS represents in the Gospels with great accuracy the type of Greek text current in Egypt from the middle of the third century A.D., though B itself may very well have been written at Caesarea in the famous library of Pamphilus.

The Egyptian affinities of B have been well illustrated by three comparatively recent publications.

(i) In *Notices et Extraits*, xxxiv[ii], M. Amélineau has edited the Greek columns of a Graeco-Sahidic uncial MS similar to the Borgian fragments (T). Nothing can be more characteristically Egyptian than these Graeco-Sahidic texts, written in Upper Egypt with the Greek and the vernacular version in parallel columns. Their general agreement with B and the early correctors of ℵ has long been known[2], and Amélineau's new fragments are of the same type as their predecessors. Thus in Lc x 24

[1] It is but just to the memory of Griesbach to recal the fact that in *Symbolae Criticae* ii, pp. 227—620, that great predecessor of Dr Hort collected together all the N.T. quotations of Clement and Origen. It is from *Symbolae Criticae* that Tischendorf's readings of Clement are excerpted.

[2] Thus, for example, Bousset's brilliant but too hasty generalisations (in *Texte und Untersuchungen*, 1894) are mainly founded on this acknowledged fact.

("Prophets and kings have desired...to hear what ye hear") after ἀκοῦσαι B adds μου—quite wrongly, and quite alone until Amélineau's fragment was found to add που: i.e. either it has the same reading as B and has been misread by the editor, or it presents us with a simple corruption of B's text. Again, in Jn viii 57 Amélineau's fragment sides with ℵ*, the Sahidic and the Sinai Palimpsest of the Old Syriac, in reading *Hath Abraham seen thee?* for *Hast thou seen Abraham?* Here B, we may remark in passing, neither reads ἑώρακασ with most documents, nor ἑώρακέν σε with ℵ* and its allies; it shews its 'neutrality' by giving us ἑώρακεσ, which is neither the one nor the other[1].

(ii) Another interesting example of a very different kind I owe to the Editor of this Series. Canon Armitage Robinson writes to me:—

"Herr Wobbermin, who has recently published the early Liturgical Fragments to which I have referred in the note to Mt xxvi 27 (p. 29), adds from the same MS a tractate entitled Περὶ πατρὸς καὶ υἱοῦ. This piece he assigns to Serapion, Bishop of Thmui, whose name occurs above two of the Prayers which precede it. I cannot think that any one who reads side by side with this the work of Serapion *adversus Manichaeos*, as now reconstructed almost in its entirety (see Wobbermin, p. 27), will be inclined to accept the theory of identity of authorship. The present piece is far inferior in logical power, and wholly different in rhetorical style. But, anonymous as it must at present remain,

---

[1] As a matter of fact B has εορακες, and the spelling with ο for ω is also found in Amélineau's fragment. It has been suggested to me that -κες may have been a recognised though irregular form of the 2nd pers. sing. But ἑώρακας (or ἑόρακας) stands without variant in ℵABC wherever it occurs in the N.T., viz. Jn ix 37, xx 29, Ac xxii 13. On the other hand ἑόρακέ τις (with ο and without ν) stands in Jn vi 46 B (*sic*). We may with some confidence conjecture that the common ancestor of ℵ and B had here the reading ἑώρακέ σε, without ν ἐφελκυστικόν. It may be worth while to point out that there is no foundation for the theory that B itself once read εορακεσε. The line of text, as written by the first hand, is

ΒρΑΑΜΕΟΡΑΚΕϹ ΕΙΠΕ⁻

a space of one letter being left blank before εἶπεν to mark the entry of a new speaker, just as a similar space is left before εἶπαν at the beginning of the verse four lines above. What may be faintly traced in the photograph at the blank space is not ε, but the τ of ἐκ δευτέρου (Jn ix 24) on the other side of the leaf.

it is of considerable interest. It clearly belongs to the period of Athanasian controversy in which the doctrine of the Holy Spirit had not yet come to the fore. From a textual point of view it may suffice to mention two notable readings:

"(1) In the margin of Cod. B at Heb i 3, as is well known, we have the following curious note by a scribe who has restored the original reading of the codex, namely φανερῶν, for which a corrector had substituted the usual φέρων:—'Fool and knave, can't you leave the old reading alone and not alter it!' I am not aware that any parallel has been offered for the reading φανερῶν. But in the piece in question (Wobbermin, p. 23, ll. 21 ff.) we read: Πᾶν γὰρ τὸ φανερούμενον φῶς ἐστιν· καὶ πάλιν ὁ ἱερὸς Παῦλος ὁ ἀπόστολος ἐν τῇ πρὸς Ἑβραίους λέγει· Φανερῶν δὲ τὰ πάντα τῷ ῥήματι τῆς δυνάμεως αὐτοῦ.

"(2) On the next page we read (p. 24, ll. 1 f.): ἔτι δὲ καὶ ἐν τῇ ἀποκαλύψει Ἰωάννου γέγραπται· Ὁ πρωτότοκος καὶ ὁ ἔσχατος, κ.τ.λ. Here Wobbermin merely refers to Apoc i 8. But the true reference is to Apoc i 17 and ii 8, in both of which places we find πρωτότοκος for πρῶτος in Cod. A, and apparently nowhere else.

"It is certainly a matter of great interest to have placed in our hands an Egyptian tract of the fourth century, which on one page attests a singular reading of B, and on the next a singular reading of A."

So far Canon Robinson. It is worth while to add that B is not extant for the Apocalypse, and that A in that book is held to take its place. Very possibly therefore B itself might have been found to read πρωτότοκος, if these passages had been preserved in it.

(iii) The most striking discovery of all remains. In the Oxyrhynchus papyrus fragment of S. Matthew, discovered and edited by Grenfell and Hunt[1], we have at last an undoubted piece of a third-century Gospel MS. The fragment is older, probably by a century, than any known MS of any part of the New Testament, and most fortunately covers a passage where the variants are extremely well marked (viz. Mt i 1—20). What,

[1] *The Oxyrhynchus Papyri*, pt. i, pp. 4—7.

then, does this voice from the dead say? Does it support Burgon, or Hort?

The answer is most decided. It sides with ℵ and B. With ℵ and B (and of course 'Westcott and Hort') it has *Boes* for *Booz*, *Iobed* for *Obed*, *Asaph* for *Asa*. Nor is this agreement confined to the spelling of the names of Jewish Kings, seeing that it has γένεσις in Mt i 18 (not γέννησις), a reading characteristic enough of B and Dr Hort to draw forth three pages of Dean Burgon's indignation[1]. Other readings of B similarly attested by the new fragment are δειγματίσαι for παραδειγματίσαι (ver. 19), and the omission of ὁ βασιλεὺς in ver. 6 and of γὰρ in ver. 18. Nor does the papyrus give support to 'Western' texts, any more than to the 'Received Text.' Both in vv. 16 and 18 it rejects the readings of Codex Bezae and its allies. In one word, it is just such a document as Dr Hort would have expected it to be.

With the evidence of the Graeco-Sahidic texts, of the Pseudo-Serapion, of the Oxyrhynchus Papyrus, fresh in our minds, let us turn back to Clement's quotations. Should we not be prepared to find a text like B? We may make large allowances for carelessness of quotation on the part of Clement, we may even go on to assume that his MS may have been faulty or illegible. But at least we should expect that, where the reading of this manuscript could be ascertained, it would side with the critical editors. Other 'Fathers' in the East or in the West might use a text tainted with 'Western' errors, but we should not look for them in Clement of Alexandria, our earliest witness in the one land which we think of as preeminently free from 'Western' influences.

Yet the unexpected is what we find. Clement's quotations have a fundamentally 'Western' character. His allies are not B and the Coptic Versions, but D and the Old Latin.

In seeking to get a first impression of the character of the text of a second century author, whose writings are preserved in single MSS of the 10th or 11th centuries, it is necessary to begin with well marked variations. In such a case much cannot be built on variations between πατὴρ and πάτερ, ἀναλύσει and ἀναλύσῃ. Moreover, we must take no account of variations due to mere paraphrase on Clement's part. How necessary this

[1] *Revision Revised*, pp. 119—122.

warning is may be seen, for example, from his allusion to Mt xi 16, 17 in *Paed* I v 13 (105) [*infra*, p. 15]:—

αὖθίς τε παιδίοις ὁμοιοῖ τὴν βασιλείαν τῶν οὐρανῶν ἐν ἀγοραῖς καθημένοις ¹⁷καὶ λέγουσιν·
Ηὐλήσαμεν ὑμῖν καὶ οὐκ ὠρχήσασθε·
ἐθρηνήσαμεν καὶ οὐκ ἐκόψασθε.

Here the first line is merely introductory and is rightly printed by Mr Barnard in ordinary and not in spaced type. The phrase containing the well-known variant ἑτέροις (ἑταίροις) is passed over altogether, while the very application of the parable is changed in a way legitimate enough in an allusion, but hardly suggestive of a writer copying out passages from a book. In Clement the children are likened to 'the Kingdom of Heaven,' but in the Gospel the comparison is with 'the men of this generation.' It comes to much the same thing, of course; in fact, it is the Gospel which to me seems the less logically accurate. But be that as it may, the line from αὖθις to λέγουσιν affords no secure evidence as to the readings of Clement's Bible. Yet this paraphrase can be made to yield no less than three agreements of Clement with the 'Received Text' against the better MSS, *viz.* the position of καθημένοις, the omission of the article before ἀγοραῖς, and the addition of καὶ before λέγουσιν. It is therefore most important to notice that when we turn from the introductory paraphrase to the real quotation the position is entirely changed. There is only one variant here, *viz.* the presence or absence of ὑμῖν after ἐθρηνήσαμεν. The temptation to make the clauses symmetrical has been so strong that nearly all MSS and versions insert the word. But Clement's text rejects it in company with ℵBDZ 1 al² lat. *k f* vg and the Bohairic—in other words, with a small group containing the best 'Western' and the best 'non-Western' texts[1].

Yet this example hardly touches the main question. It was only to be expected that Clement would side with the best Greek and the best Latin when they agreed together. The really surprising thing is, that when they are divided Clement sides so often not with the Greek but with the Latin. Examples

---

[1] It is worth remarking that all the Syriac texts insert the pronoun.

of this are easy enough to find. Thus in Lc iii 22, for "Thou art my Son beloved; in thee I am well pleased," Clement, in company with D and nearly all our best Old Latin authorities, has the words of Ps ii 7

Thou art my Son beloved; this day have I begotten thee[1].

Similarly in Lc ix 62 the same group (D Clem lat.vt) has

No one looking back and putting his hand to the plough is fit for the kingdom of God.

These two examples are quite unambiguous. They are not only 'Western' (to use the familiar but inaccurate term for readings which are at once *non-Alexandrian and non-Antiochian*), but 'Western' of a particular type; for in each instance the Old Syriac evidence goes with the ordinary text against Clement and D with its Latin allies. The case of Lc ix 62 is especially instructive, because of the fulness of the evidence. The Latin evidence includes two quotations from Cyprian, so that there can be no doubt of the antiquity of the reading in the West, while the Syriac attestation for the ordinary reading includes unambiguous references in the *Doctrine of Addai*, the *Acts of Thomas* and S. Ephraim[2]. Moreover, the reading of D and Clement is obviously wrong; and it is companionship in error which shews real affinity of text. As a working hypothesis, therefore, we have good grounds for treating the text used by Clement as a branch of the 'Western' text not akin to the Old Syriac Version; in other words, as a text really and geographically Western.

This preliminary conclusion is of very great importance for estimating the value of the numerous striking agreements of Clement with the Old Syriac, especially with the Sinai Palimpsest (syr.*sin*). If Clement's text and the Old Syriac be practically independent of one another, their agreements mark the confluence of two separate lines of evidence: the readings thus preserved

---

[1] In Clement 'beloved' most probably comes from the parallels (Mt iii 17 = Mc i 11). It is not found in D lat.vt. Here as in several other places *e* deserts the other Old Latin mss for a more commonplace reading.

[2] See *Overbeck* 127, where the text is certainly independent of syr.vg.

must be so ancient as on that account alone to challenge acceptance.

The chief examples of agreement between Clement and syr. *sin* are

1. Mt iv 17. *The kingdom of heaven is at hand* (Clem = Eus[dem] *k* syr.*sin-crt*). The same reading is also attested by Origen, according to WH *Introduction* § 360.

[Most documents prefix *Repent ye, for...*]

2. Mt xviii 20. The occurrence of παρ' οἷς in Clement's allusion (*infra*, p. 22) makes it evident that he would have supported D (*g*) and syr.*sin* in reading *For there are not two or three gathered together in my Name, with whom I am not in the midst of them.*

[Most documents (incl. Cypr[220] and syr.*crt*.) read οὗ for οὖ and ἐκεῖ εἰμι for παρ' οἷς οὐκ εἰμί. It may be pointed out that a somewhat similar suppression of παρὰ is to be found at Mt viii 10. In the verse before us παρ' οἷς...ἐν μέσῳ αὐτῶν is sufficiently awkward Greek to provoke emendation, but it can be naturally explained as a rather crude attempt to imitate Semitic idiom.]

3. Lc xiv 20. *I have married a wife and I cannot come* (Clem = lat.vt, syr.vt omits '*and*', while D substitutes διό).

[Most documents add *therefore* (διὰ τοῦτο) to '*and*.']

4. Lc xvii 4. If syr.*sin* by rendering '*and these seven times he turn unto thee*' really implies καὶ τὸ ἑπτάκις with the article, as seems not unlikely, the combination D Clem syr.*sin* (with syr.*crt* and the Latins neutral) is really stronger than any accumulation of Greek MSS unsupported by the older versions.

[Most documents omit τὸ before ἑπτάκις.]

5. Lc xx 34. From the three passages placed together on p. 50 it is evident that Clement read *beget and are begotten* as well as *marry and are given in marriage*, thus agreeing with *a* Iren[168] and syr.*sin-crt*. D and some Latin MSS have *are begotten and beget*, the best Latin (incl. Cyp²/₃ and *e*) omitting *marry and are given in marriage*.

[Most documents omit *beget and are begotten* altogether.]

6. Jn viii 34. *He that committeth sin is a slave* (not adding *of sin*). The omission of τῆς ἁμαρτίας is supported by D b Cyp²⁷⁴ as well as Clem and syr.*sin*. The shorter reading here is all the more noteworthy, as it could not have come from homœoteleuton; and it probably preserves the original text¹.

The reader will note that in none of these readings is Clement found quite alone with the Old Syriac. There is always some secondary attestation².

When the readings attested by Clement have no Syriac support there is, as a rule, less to be said for them. One of the most striking is the addition of καὶ ἀγρούς at the end of Mc x 22, which is supported by the Latins *b* and *k*, but by no Greek MS. Whether the words should be restored to S. Mark or not, the agreement of Clement with the leading MS of the African Latin and a good representative of the 'European' texts suggests that their absence from Cod. D is the result of correction. A somewhat similar instance is to be found in Jn xv 1, where D with τὸ καρποφόρον seems to stand half-way between Clement's τὸ καρποφοροῦν and the τὸ καρπὸν φέρον of most documents.

With regard to the curious recasting of Mt xxiii 27, where Clement sides with D and Irenaeus, it may be remarked that οἵτινες (after τάφοις κεκονιαμένοις) is omitted by ℵ*, and that the construction of the clauses is changed in syr.*sin* (cf. also Aphraates³⁰⁷). It is evident therefore that here, as in many other passages, there was much confusion and alteration of the phraseology in early times, and that the smooth uniformity of our

¹ Comp. Jn xi 25, where Cyp³¹⁰ and syr.*sin* agree in reading *I am the Resurrection*, without adding '*and the Life*.'
² I have not included the reading ἄριστον for ἄρτον in Lc xiv 15 among the agreements between Clement and the Old Syriac. It is true that the Old Syriac reading *shârûthâ* definitely implies ἄριστον in the underlying Greek, but it is not likely that this was the reading of Clement¹⁶⁶. The better MS (P) of the *Paedagogus* reads ἄρτον: ἄριστον is only supported by F, and in a mediaeval MS it was much more probable that ἄρτον should be changed into ἄριστον than *vice versa*. Although ἄριστον is found in none of the early uncials it is supported by the later uncials and by nine cursives out of ten. It is certainly curious to find it supported by syr.vt (*not* syr.vg); but the distribution of the evidence makes it probable that the corruption occurred independently in the ancient Greek text underlying syr.vt and in some popular Constantinopolitan exemplar which has infected the later MSS.

xvi INTRODUCTION.

Greek MSS—including B—is a sign not of unbroken tradition, but of the surgical aid of an editor.

Among the most interesting of Clement's quotations is that of Lc xxiv 41—44. Clement (*Paed* II i 15), in the course of a discussion upon the food and cooking suitable for Christian people, says: "⁴¹*Have ye aught to eat here?* said the Lord unto the disciples after the resurrection. ⁴²*And they,* as having been taught by Him to practise frugality, *gave Him a piece of a broiled fish.* ⁴³*And having eaten before them* ⁴⁴*He said to them* (quoth Luke) what He did say."

Mr Barnard (p. 50, note) remarks that Clement's text underlies the renderings in *b ff* and *q*; but may we not go further and claim it as the text which best explains the origin of all the variants in this much altered passage[1]? In any case, the natural desire to round off *ver.* 43 with a finite verb, and begin a new sentence or paragraph with *ver.* 44, supplies a reason for change. It would be difficult to regard the Vulgate text of Lc xxiv 43 as a direct corruption of the ordinary Greek[2].

I should not be inclined to lay much stress upon the agreement of Clement with the 'Received Text' in Jn xvii 24—26, except so far as it discredits the eccentric reading of D in this passage. The main variants (apart from the singular κἀκεῖνοι for καὶ οὗτοι in *ver.* 25) are in the opening words of *ver.* 24, where Clement reads Πάτερ, οὓς ἔδωκάς μοι, for Πατήρ, ὃ δέδωκάς μοι. We cannot expect light upon the appropriate vocative for πατήρ from the 10th century MS of Clement; and ἔδωκας for δέδωκας has here very little attestation. The real variant is between ὃ and οὕς. For ὃ Tischendorf quotes אBD and the Bohairic: for οὓς we have all other MSS and versions, including the Latin and the Sahidic. In spite of this imposing array there

[1] The African Latin text of Lc xxiv 41—44 (i.e. *e* and the text underlying *c*) only differs from that of Clement by reading λαβὼν for φαγών. I need scarcely remind my readers that *accepit...et dixit* is characteristically 'African' for *accipiens ...dixit* (cf. *Old-Latin Biblical Texts* ii, p. ciii).

[2] Compare the variations in ἔλαβεν and ἔφαγεν in Lc vi 4. Dr Hort in his note Lc xxiv 43 rightly considers that Clement's text did not contain the allusion to the honey-comb. Dean Burgon held the opposite opinion; but his argument would prove that Clement's Bible had references to 'bulbs,' 'herbs,' 'cheese,' and τραγήματα.

is much to be said for the reading of ℵBD, seeing that with κἀκεῖνοι following in the same sentence there was more reason to change ὅ into οὓς than vice versa. It is therefore reassuring to find that syr.*sin* clearly supports ὅ, a fact all the more noteworthy, as syr.*sin* shews its independence of the ordinary tradition by beginning *ver.* 24 with 'and,' and throwing back 'Father' into the preceding verse. The length and general accuracy of Clement's citation of this passage (see Mr Barnard's Note, p. 61) might lead some to build on it more than it can legitimately be made to bear.

It must also not be forgotten that there are a few instances in the Gospels where Clement's text supports the great uncials and the critical editors against the 'Western' documents and the Antiochian text. Thus he reads ἐπέσπειρεν for ἔσπειρεν in Mt xiii 25, and ὁ μονογενὴς θεὸς in Jn i 18. Yet even here the 'Western' evidence is not really united; in the former example the Syriac versions cannot safely be cited for either reading, while in Jn i 18 there is much to suggest that the earliest form of the Old Syriac attested μονογενής (or ὁ μονογενής) alone, without θεὸς or υἱός. It will also be noticed that Clement sides with ℵ[c] 33 and the Bohairic against ℵ*BC by inserting the article before μονογενὴς θεός.

On the whole, Clement's quotations from the Acts are less predominantly 'Western,' but it would be rash to argue from the evidence for the Acts to the Gospels, or *vice versa*. Till the roll dropped out of use and the large vellum *codex* took its place, the Acts must always have circulated separately from the book of the Gospels. It may be well also to remind ourselves of the lamentable lack even now of Old Syriac evidence for the text of the Acts: with our imperfect knowledge it is safer simply to suspend judgement. It is, however, clear that Clement opposes the well-known 'Western' readings in Ac xv 28, 29, just as a stray quotation in Aphraates[384] shews us that the Old Syriac opposes the 'Western' reading in Ac ix 26.

What, then, is the general lesson that we are to draw from the study of the Biblical quotations of Clement of Alexandria? My own impressions are quite clear. In the first place, they cut off the only channel by which we might have thought to connect the 'non-Western' text, as an organic whole, with apostolic times. With Clement's evidence before us we must recognise that the earliest texts of the Gospels are fundamentally 'Western' in every country of which we have knowledge, even in Egypt. If we have any real trust in antiquity, any real belief in the continuity of Christian tradition, we must be prepared to admit many 'Western' readings as authentic, as alone having a historical claim to originality. Let us come out of the land of Egypt, which speaks (as Clement's quotations shew) with such doubtful authority, and let us see whether the agreement of East and West, of Edessa and Carthage, will not give us a surer basis upon which to establish our text of the Gospels.

In the second place, I am sure that the earliest 'Western' readings will be found no whit inferior to those of Cod. B. I do not believe that to follow Western authorities, with a due allowance of caution, is to murder the text[1]. The discoveries of quite recent times have changed the conditions of the problem. Fifty years ago the best 'Western' documents were inaccessible. Our knowledge of the earliest non-Alexandrian texts of the Gospels was even more limited than our present knowledge of the earliest non-Alexandrian texts of the Pauline Epistles; i.e. it consisted of the quotations of Tertullian and Cyprian,—nothing more. 'Western' readings meant those of Codex Bezae and the Latin MSS *a* *b* and *c*. These documents often go wrong together: they by no means always give us the texts current in Western Europe in their earliest form. The African Latin was unknown, except so far as it was covered by chance quotations from S. Cyprian, and the very existence of a Syriac Version older than the official Peshitta was a conjecture.

How different is the case now! By the publication of Cod. Bobiensis (*k*) enough of the version used by S. Cyprian is before us in a continuous text to enable us to judge of its critical affinities, while with regard to early Syriac evidence the difference is that between darkness and daylight. Not to speak of the fragments of Tatian's *Diatessaron* preserved in S. Ephraim or the quotations of Aphraates, we have an excellent text of the

[1] See Cic. *De Off.* ii 88, as quoted by Dr Salmon on his *Thoughts on Textual Criticism*, p. 90.

four Gospels nearly complete in the Sinai Palimpsest, while Cureton's MS (a far inferior text, but the only form of the version known to Dr Hort) serves to tell us something of the limits of variation in Syriac-speaking communities. These authorities are all 'Western,' i.e. they do not attest certain well-defined Alexandrian readings, such as ἠπόρει in Mc vi 20 and the well-known interpolation in Mt xxvii 49. But in many other instances they actually form the bulk of the attestation for Dr Hort's own text. That text is sometimes in agreement with the oldest Syriac, sometimes with the oldest Latin: the question at issue is what right we have to reject the oldest Syriac and the oldest Latin when they agree.

The strain of text represented in Greek MSS by ℵ and B can be traced in Egypt as far back as the middle of the 3rd century, but Clement shews that even in Egypt the earliest evidence gives it little support. Why then should we be tied down to Βεεζεβούλ, or Ἰωάνης? Why should we omit *without cause* in Mt v 22, or *and the bride* in Mt xxv 1? Does it not lighten the 'Synoptic Problem' to leave out Jn xii 8 and Mt xxi 44? Let us trust the earliest texts we can get—Clement's among them—and see whether the result does not justify the venture.

F. C. BURKITT.

Easter, 1899.

THE QUOTATIONS OF
CLEMENT OF ALEXANDRIA
FROM
THE FOUR GOSPELS
AND
THE ACTS OF THE APOSTLES

NOTE.

It is presumed that the reader will have Tischendorf's *Editio octava critica maior* open before him.

Words printed in spaced type probably formed part of Clement's biblical text.

ὕδατος   A study of the textual evidence for words thus marked may throw considerable light on the character of the text used by Clement.

μηδείς   Words are thus marked (i) when variants of any lesser interest exist, (ii) when Clement's quotation differs from all known texts, but the difference is probably not of much textual interest.

ποιήσατε ἑαυτοῖς   Words are thus marked (i) when there is a difference of order supported by other evidence, (ii) when Clement's order differs from all known texts.

∧   This sign indicates an omission of considerable textual importance.

ʌ   This sign indicates an omission of slight textual importance.

= Lc iii 8   References are thus given to parallel passages, when it is doubtful to which passage Clement's quotation or allusion should be referred.

[*Strom* I xv 71 (359).]   Passages to which reference is thus made contain allusions which throw little or no light on the text used by Clement.

TISCH.   Under this heading are given corrections to be made in Tischendorf's references to Clement.

On the MSS. of Clement's Works see Texts and Studies Vol. v No. 2, *Introduction*. The following summary may be useful for reference :—

PROTREPTICUS and PAEDAGOGUS. Where extant P (Paris. Gr. 451) is the ultimate authority, though there is a possibility that F (Medic. Laur. Pl. v c. 24 : it does not contain the *Protr*) may have an independent value : where P is wanting (*Paed* I i—x and beginning of xi) the text must be based on F and M (Mutinensis Gr. 126) ; but it must be borne in mind that M is a very faithful copy of P, while F (if a copy of P) has undergone considerable alteration.

STROMATA, EXCERPTA, and ECLOGAE.   L (Medic. Laur. Pl. v c. 3)

QUIS DIVES SALVETUR.   S (Scorialensis Ω III 19)

I have collated the Quotations from the Gospels and Acts in all these MSS.

The symbol *v* denotes the *Editio Princeps* of Clement published by Petrus Victorius, Florence, 1550.

CLEMENT OF ALEXANDRIA'S QUOTATIONS FROM ST MATTHEW.

i 17 Ἐν δὲ τῷ κατὰ Ματθαῖον εὐαγγελίῳ ἡ ἀπὸ Ἀβραὰμ γενεαλογία μέχρι Μαρίας τῆς μητρὸς τοῦ κυρίου περαιοῦται· Γίνονται γάρ, φησίν, ἀπὸ Ἀβραὰμ ἕως Δαβὶδ γενεαὶ ιδ', καὶ ἀπὸ Δαβὶδ ἕως τῆς μετοικεσίας Βαβυλῶνος γενεαὶ ιδ', καὶ ἀπὸ τῆς μετοικεσίας Βαβυλῶνος ἕως τοῦ χριστοῦ ὁμοίως ἄλλαι γενεαὶ ιδ'. *Strom* I xxi 147 (409).

ii 2 [*Strom* I xv 71 (359); *Exc ex Theod* §§ 74, 75 (986).]

iii 7 [*Protr* i 4 (4); *Strom* IV xvi 100 (608).] See on xxiii 33.

iii 9 = Lc iii 8 Δυνατὸς γὰρ ὁ θεὸς ἐκ τῶν λίθων τούτων ἐγεῖραι τέκνα τῷ Ἀβραάμ. *Protr* i 4 (4).

10 = Lc iii 9...ἀλλὰ τὴν ἀξίνην τὴν ἑαυτοῦ πρὸς τὰς ῥίζας τῆς κακίας προσαγαγών. *QDS* § 29 (952).

11 f. = Lc iii 16 f. Ὁ Ἰωάννης φησὶν ὅτι Ἐγὼ μὲν ὑμᾶς ὕδατι βαπτίζω· ἔρχεται δέ μου ὁ ὀπίσω[1] ὁ βαπτίζων ὑμᾶς ἐν πνεύματι καὶ πυρί ..τὸ γὰρ πτύον ἐν τῇ χειρὶ αὐτοῦ τοῦ διακαθᾶραι τὴν ἅλω, καὶ συνάξει τὸν σῖτον εἰς τὴν ἀποθήκην, τὸ δὲ ἄχυρον κατακαύσει πυρὶ ἀσβέστῳ. *Ecl Proph* § 25 (995).

12 = Lc iii 17...ἵνα...διακριθῶμεν...τῶν ἀχυρμιῶν καὶ εἰς τὴν πατρῴαν ἀποθήκην σωρευθῶμεν[2]. τὸ γὰρ πτύον ἐν τῇ χειρὶ τοῦ κυρίου... *Paed* I ix 83 (147, 148).

iv 1 = Lc iv 1 [*Strom* I ix 44 (342).]

4 = Lc iv 4 Οὐ γὰρ ἐπ' ἄρτῳ ∧ ζήσεται ὁ δίκαιος. *Paed* II i 7 (167).

Οὐ γὰρ ἐπ' ἄρτῳ μόνῳ ζήσεται ὁ δίκαιος[3], ἀλλ' ἐν τῷ ῥήματι ∧ κυρίου. *Paed* III vii 40 (277).

16 Φῶς ἡμῖν ἐξ οὐρανοῦ τοῖς ἐν σκότει κατορωρυγμένοις καὶ ἐν ∧ σκιᾷ θανάτου κατακεκλεισμένοις ἐξέλαμψεν. *Protr* xi 114 (88).
[*Strom* VII vii 43 (856).]

1 ὁ ὀπίσω L φ om ὁ edd   2 σωρευθῶμεν M ἀποσωρευθῶμεν F sed απο sec. man. punctis notatur (hiat P)   3 ὁ δίκαιος] om ὁ F*

TISCH. III v. 11, l. 4 Clem^ecl 995]+(sed potius a Lc pendet)

iii 10 Cp. syr.sin (Mt) "*The axe has reached the roots of the trees.*" [D^gr is missing, but lat. vt (exc *k*) has *ad radices arborum*: *k* has *ad radicem malorum*. F. C. B.] With this cp. *Paed* II vi 51 (199) δεινὸς γὰρ ἀεὶ τὰς ῥίζας τῶν ἁμαρτημάτων ἐκκόπτειν.

11 f. This quotation follows Lc rather more closely than Mt.

iv 4 Note δίκαιος twice used for ἄνθρωπος. ἐν for ἐπὶ is found in CD in Mt and D in Lc. D *b g*[1] in Mt, and most documents in Lc, omit ἐκπορευομένῳ διὰ στόματος. Syr.sin-crt in Mt have κυρίου for θεοῦ [=Deut viii 3].

16 This loose paraphrase perhaps supports the omission of χώρᾳ καὶ by *a c k* syr.crt [om. καὶ D (*b g*[1])].

1—2

iv 17 Ἤγγικεν ͵ ἡ βασιλεία τῶν οὐρανῶν. *Protr* ix 87 (72).
19 [*Paed* III xi 52 (285).]
v 3 Μακάριοι δὲ καὶ οἱ πτωχοὶ εἴτε πνεύματι εἴτε περιουσίᾳ διὰ δικαιοσύνην δηλονότι. *Strom* IV vi 26 (575).
Οὗτός ἐστιν ὁ μακαριζόμενος ὑπὸ τοῦ κυρίου καὶ πτωχὸς τῷ πνεύματι καλούμενος, κληρονόμος ἕτοιμος οὐρανοῦ βασιλείας. *QDS* § 16 (944).
Διὸ καὶ προσέθηκεν ὁ Ματθαῖος· Μακάριοι οἱ πτωχοί· πῶς; Τῷ πνεύματι. *QDS* § 17 (945).
See also on Lc vi 20.
4 Ὅθεν εἰκότως Μακάριοι οἱ πενθοῦντες, ὅτι αὐτοὶ παρακληθήσονται. οἱ γὰρ μετανοήσαντες ἐφ᾽ οἷς κακῶς προβεβιώκασιν εἰς τὴν κλῆσιν παρέσονται· τοῦτο γάρ ἐστι τὸ παρακληθῆναι. *Strom* IV vi 37 (580).
5 Μακάριοι, φησίν, οἱ πραεῖς, ὅτι αὐτοὶ κληρονομήσουσι τὴν γῆν. *Strom* IV vi 36 (579).
6 Μακάριοι τῷ ὄντι κατὰ τὴν γραφὴν οἱ πεινῶντες καὶ διψῶντες τὴν ἀλήθειαν, ὅτι πλησθήσονται τροφῆς ἀϊδίου. *Strom* v xi 70 (688).
Μακάριοι γὰρ οἱ πεινῶντες καὶ διψῶντες τὴν δικαιοσύνην τοῦ θεοῦ, οὗτοι γὰρ καὶ ἐμπλησθήσονται. *Ecl Proph* § 14 (992).
Μακάριοι οἱ πεινῶντες καὶ διψῶντες τὴν δικαιοσύνην τοῦ θεοῦ. *QDS* § 17 (945).
[*Strom* I i 7 (319); IV vi 25 (575).]
7 Μακάριοι οἱ ἐλεήμονες, ὅτι αὐτοὶ ἐλεηθήσονται. *Strom* IV vi 38 (580).
7 etc. Ἐλεᾶτε[1], φησὶν ὁ κύριος, ἵνα ἐλεηθῆτε· ἀφίετε, ἵνα ἀφεθῇ ὑμῖν· ὡς ποιεῖτε, οὕτως ποιηθήσεται ὑμῖν· ὡς δίδοτε, οὕτως δοθήσεται ὑμῖν· ὡς κρίνετε, οὕτως κριθήσεσθε· ὡς χρηστεύεσθε, οὕτως χρηστευθήσεται ὑμῖν· ᾧ μέτρῳ μετρεῖτε ἀντιμετρηθήσεται ὑμῖν. *Strom* II xviii 91 (476).
8 Μακάριοι οἱ καθαροὶ τῇ καρδίᾳ, ὅτι αὐτοὶ τὸν θεὸν ὄψονται. *Strom* II xi 50 (455); *Exc ex Theod* § 11 (970).
Οἱ καθαροὶ δὲ τῇ καρδίᾳ τὸν θεὸν ὄψονται. *Strom* v i 7 (647).

1 ἐλεεῖτε Dind.

iv 17 [ὅτι ἤγγικεν for μετανοεῖτε ἤγγικεν γὰρ is read by Eus^{dom 438} k syr.sin(-crt). Syr.crt does not express ὅτι. F. C. B.]
v 4, 5 Tischendorf concludes from the order in which Clement discusses these verses that he found μακ. οἱ πραεῖς before μακ. οἱ πενθοῦντες as in D 33 a k vg syr.crt. This argument is hardly safe; in *Strom* IV vi 25, 26 (575) Clement quotes in the order vv. 10, 6, 3.
6 The insertion of τοῦ θεοῦ is perhaps due to a reminiscence of passages in the Romans, e.g. x 3. The variants for χορτασθήσονται are probably from Lc i 53 πεινῶντας ἐνέπλησεν ἀγαθῶν.
7 The passage from (476) is quoted with one variant from Clement of Rome I xiii 2, where it is introduced by the words μάλιστα μεμνημένοι τῶν λόγων τοῦ κυρίου Ἰησοῦ, οὓς ἐλάλησεν διδάσκων ἐπιείκειαν καὶ μακροθυμίαν· οὕτως γὰρ εἶπεν· Ἐλεᾶτε κτὲ. Cp. Resch *Agrapha*, pp. 96 f.; in the *Aussercanonische Paralleltexte* on this passage of Mt he further quotes the first clause from Prochorus *Acta Ioannis* ed. Zahn p. 73.
8 τῇ καρδίᾳ 8 times, τὴν καρδίαν 5 times; the latter reading is perhaps partly due to confusion between ι adscript and ν.
[The accusative was gradually ousting the dative, wherever it could. Datives disappear more and more, till in the modern language they are lost entirely. The reasons for this are well discussed in Karl Dieterich's *Untersuchungen zur Geschichte der griechischen Sprache* (1898) *Byzantinisches Archiv*, heft I pp. 149 ff. J. A. R.]

QUOTATIONS FROM ST MATTHEW. 5

Μακαρίους είπεν τους καθαρούς τὴν καρδίαν, ὅτι αὐτοὶ τὸν θεὸν ὄψονται. *Strom* IV vi
39 (581).
Καθαρὸς τῇ καρδίᾳ. *Strom* VII iii 13 (835) ; iii 19 (839) ; x 56 (865); x 57 (865).
...ἵνα καθαρὸς τῇ καρδίᾳ γενόμενος ἴδῃς τὸν θεόν. *QDS* § 19 (946).
Καθαρὸς τὴν καρδίαν. *Strom* v vi 40 (669) ; VI xii 102 (791); xiv 108 (794); *QDS*
§ 16 (944).
['Αγνοὶ τὰς καρδίας. *Paed* III xi 79 (300).]
Καὶ οὕτω μακαρίζεται ὁ ἔχων τὴν τοιαύτην καρδίαν, ὅτι ὄψεται τὸν θεόν. *Valentinus
apud Clem Strom* II xx 114 (489).
Hoc enim impossibile est, ut quisque non mundo corde uideat deum. *Adumbr in
epist Judae* v. 24; Zahn *Forsch* iii 86 (1008).

v 9 Μακάριοι οἱ εἰρηνοποιοί. *Strom* I i 7 (319) ; IV vi 40 (581).

10, 9 Μακάριοι, φησὶν, οἱ δεδιωγμένοι ἕνεκεν δικαιοσύνης, ὅτι αὐτοὶ υἱοὶ θεοῦ
κληθήσονται· ἢ ὥς τινες τῶν μετατιθέντων τὰ εὐαγγέλια· Μακάριοι, φησὶν,
οἱ δεδιωγμένοι ὑπὸ¹ τῆς δικαιοσύνης, ὅτι αὐτοὶ ἔσονται τέλειοι· καί· Μακάριοι οἱ
δεδιωγμένοι ἕνεκα ἐμοῦ, ὅτι ἕξουσι τόπον ὅπου οὐ διωχθήσονται. *Strom* IV vi 41
(581, 582).

10 Μακάριοι οἱ δεδιωγμένοι ἕνεκεν δικαιοσύνης. *Strom* IV vi 25 (575).
See on Lc vi 20.

13 Οὔκουν οὐ πᾶσιν εἴρηται· Ὑμεῖς ἐστε οἱ ἅλες τῆς γῆς. *Strom* I viii 41 (340).
Τὸ γὰρ ἅλας τῆς γῆς ἡμεῖς. *Paed* III xi 82 (302).

14, 13 ...οὓς ὁ λόγος φῶς τοῦ κόσμου καὶ ἅλας τῆς γῆς καλεῖ. *QDS* § 36 (955).

14 Ὑμεῖς ἐστε τὸ φῶς τοῦ κόσμου. *Exc ex Theod* § 9 (969).
Ἀλλὰ γὰρ ἡ ἡμετέρα πίστις φῶς οὖσα τοῦ κόσμου ἐλέγχει τὴν ἀπιστίαν. *Strom* IV xi
80 (599).

15 =Lc viii 16=Lc xi 33 Οὐδεὶς ἅπτει λύχνον καὶ ὑπὸ τὸν μόδιον τίθησιν ἀλλ' ἐπὶ τῆς
λυχνίας φαίνειν τοῖς τῆς ἑστιάσεως τῆς αὐτῆς κατηξιωμένοις. *Strom* I i 12 (323).

16 Καὶ ὁ μὲν κύριος, Τὰ ἀγαθὰ ὑμῶν ἔργα λαμψάτω, ἔφη. *Strom* III iv 36 (527).
Λαμψάτω γάρ σου τὰ ἔργα. *Strom* IV xxvi 171 (642).
Διὰ τοῦτο εἴρηκεν· Λαμψάτω τὸ φῶς ὑμῶν² ἔμπροσθεν τῶν ἀνθρώπων. *Exc ex
Theod* § 3 (967).
Διὰ τοῦτο ὁ σωτὴρ λέγει· Λαμψάτω τὸ φῶς ὑμῶν. *Exc ex Theod* § 41 (979).

17 Ὁ δὲ κύριος οὐ καταλύειν τὸν νόμον ἀφικνεῖται, ἀλλὰ πληρῶσαι. *Strom* III vi 46 (532).

18 =Lc xvi 17 Καὶ μυρίας ἂν ἔχοιμί σοι γραφὰς παραφέρειν ὧν οὐδὲ κεραία παρελεύσεται
μία μὴ οὐχὶ ἐπιτελὴς γενομένη. *Protr* ix 82 (68).

1 legendum uidetur ὑπὲρ   2 ὑμῶν L ϛ ἡμῶν Dind.

In (1008) there is perhaps rather a reference to Hebr xii 14.
10, 9 In (581) Clement has confused these two verses; ὅτι αὐτοὶ—κληθήσονται belongs to
v. 9. [Perhaps the blessing on the peace-makers had slipped into the next
verse *in Clement's MS*. F. C. B.] The expression ὥς τινες τῶν μετατιθέντων τὰ
εὐαγγέλια probably refers to writers of Apocryphal Gospels.
13 Perhaps the reading οἱ ἅλες has arisen from a confusion between the neuter singular
ἅλας and the accusative plural of ἅλς.
15 Cp. Mc iv 21 and Lc viii 16. [In Mt syr.*sin-crt* have "*and no man lighteth a lamp...*"
F. C. B.]
18 A Latin translation of the fragment preserved in Macarius Chrysocephalus is given
in the Catena on Lc xvi 17 edited by Corderius, and is printed by Potter,
p. 1013. See Zahn *loc. cit.*

Οὐ μὴ οὖν παρέλθῃ ἀπὸ τοῦ νόμου οὔτε τὸ ἰῶτα οὔτε ἡ κεραία. *Fragm apud Macarium Chrysoceph orat XIII in Matth*; Zahn Forsch iii 52 (1020).

v 19 Οὗτος μέγιστος ∧, φησίν, ἐν τῇ βασιλείᾳ ∧ ὃς ἂν ποιῇ καὶ διδάσκῃ. *Strom* II xix 97 (480).

Μακάριος γὰρ ὅς ἂν διδάσκῃ καὶ ποιῇ τὰ τοῦ κυρίου κατ' ἀξίαν. *Strom* IV xvii 108 (612).

20 ῎Οντως γὰρ, ὡς ὁ κύριος ἔφη, 'Εὰν μὴ περισσεύσῃ ἡ δικαιοσύνη ὑμῶν πλείω τῶν γραμματέων καὶ Φαρισαίων, οὐκ ∧ εἰσελεύσεσθε εἰς τὴν βασιλείαν τοῦ θεοῦ. *Strom* III iv 33 (526).

...σώζεται ὁ γνωστικὸς πλέον τῶν γραμματέων καὶ Φαρισαίων συνιείς τε καὶ ἐνεργῶν. *Strom* VI xv 115 (798).

...τότε ἀκούσονται τῆς γραφῆς· 'Εὰν μὴ πλεονάσῃ ὑμῶν ἡ δικαιοσύνη πλεῖον τῶν γραμματέων καὶ Φαρισαίων...οὐκ ἔσεσθε βασιλικοί. *Strom* VI xviii 164 (825).

22 Εἰ δὲ ὁ μωρὸν εἰπὼν τὸν ἀδελφὸν ἔνοχος εἰς κρίσιν, τί περὶ τοῦ μωρολογοῦντος ἀποφανούμεθα[1]; *Paed* II vi 50 (198).

25 Πάλιν δ' αὖ φησίν· ῎Ισθι εὐνοῶν τῷ ἀντιδίκῳ σου ταχὺ ἕως ὅτου εἶ ἐν τῇ ὁδῷ μετ' αὐτοῦ...γέγραπται γάρ· Μή ποτε παραδῷ σε ∧ τῷ κριτῇ, ∧ ὁ κριτὴς ∧ δὲ τῷ ὑπηρέτῃ τῆς ἀρχῆς τοῦ διαβόλου. *Strom* IV xiv 95 (605, 606).
[*QDS* § 40 (958).]
See also on Lc xii 58.

28 Πᾶς ὁ βλέπων γυναῖκα πρὸς τὸ ἐπιθυμῆσαι ∧ ἤδη ἐμοίχευσεν αὐτήν. *Strom* III xiv 94 (554).

'Εγὼ δὲ λέγω· Ὁ βλέψας[2] τῇ γυναικὶ πρὸς ἐπιθυμίαν ἤδη μεμοίχευκεν. *Strom* IV xviii 114 (615).

Ὁ μὲν (sc ὁ νόμος) γάρ φησιν· Οὐ μοιχεύσεις· τὸ δὲ (sc τὸ εὐαγγέλιον) Πᾶς ὁ προσβλέπων κατ' ἐπιθυμίαν ἤδη ἐμοίχευσεν, λέγει. *Strom* III ii 8 (513).

Οὐ γὰρ ἀψαμένους μόνον, ἀλλὰ καὶ θεασαμένους ἐστὶν[3] ἁμαρτεῖν. *Paed* III xi 82 (302).

...ἀκηκοὼς ὅπως· Ὁ ἰδὼν πρὸς ἐπιθυμίαν ἐμοίχευσεν. *Strom* II xi 50 (455).

Ὁ γὰρ ἐπιθυμήσας ἤδη μεμοίχευκε, φησίν. *Strom* II xv 66 (463).

Μὴ ἐμβλέψῃ δὲ πρὸς ἐπιθυμίαν ἀλλοτρίᾳ γυναικί. *Strom* VII xiii 82 (882).

Ὁ γὰρ ἐμβλέψας, φησί, περιεργότερον ἤδη ἥμαρτεν. *Paed* III v 33 (273).

1 ἀποφαινούμεθα F sed ι erasum est   2 βλέψας L υ ἐμβλέψας edd   3 ἐστὶν P

TISCH. v v. 25, l. 5 Ir[lat] 1, 25, 4)]+Clem⁶⁰⁶   v. 28, l. 1 Clem⁵⁵⁴]+ (cf⁶¹⁵ βλεψας)   l. 2 Clem⁴⁶¹, ⁶¹⁵]
Clem²⁷², ⁴⁶¹ (cf⁸⁸² μη εμβλεψη)   l. 4 εμβλεπων]+Clem⁵¹³ προσβλεπων   Thphil⁸, ¹³]+Clem⁴⁵⁵

v 19 [With μέγιστος cp. Cyprian 2/2 *maximus uocabitur*, but no argument can be built on k (*magnus*. | *magnus uocatur*), as there is practically no evidence for the use of the doubled adjective as a superlative. F. C. B.]

28 The quotation in (554) no doubt represents the reading of Clement's codex: he agrees with ℵ* 236 Ephr *Diat* (Moes. p. 66 "Whosoever looketh and lusteth"), (not syr.vt) and several Fathers in omitting αὐτήν after ἐπιθυμῆσαι: he appears to have the support only of Eus *in Psalm* 70, 12 (Migne xxiii 781) in omitting ὑμῶν after λέγω. His allusions take the form of a direct command 6 times, twice in the *subj.* (461, 525), 4 times in the *fut. indic.* (85, 199, 513, 543): for βλέπων he has βλέψας with *dat* (615), ἐμβλέψας (273, 461) (cp. 882 μὴ ἐμβλέψῃ), ἰδών (455), προσβλέπων (513) (cp. Justin *Ap* i 15 Migne vi 349 οἱ προσβλέποντες γυναικί, but a little before he has ὅς ἂν ἐμβλέψῃ γυναικί): for πρὸς τὸ ἐπιθυμῆσαι, he has πρὸς ἐπιθυμίαν 4 times (615, 455, 882, 461) and κατ' ἐπιθυμίαν once (513).

QUOTATIONS FROM ST MATTHEW. 7

Ὁ ἐμβλέψας πρὸς ἐπιθυμίαν κρίνεται· διὸ, Μηδὲ ἐπιθυμήσῃς, λέγει. *Strom* II xiv 61 (461).
Οὐκ ἐπιθυμήσεις, ἐπιθυμίᾳ γὰρ μόνῃ μεμοίχευκας. *Protr* x 108 (85).
Τό· Οὐ μοιχεύσεις, διὰ τοῦ· Οὐκ ἐπιθυμήσεις. *Paed* II vi 51 (199).
...ἵνα τις...ἄντικρυς ἀκούσῃ παρὰ τοῦ κυρίου· Ἐγὼ δὲ λέγω· Οὐκ ἐπιθυμήσεις. *Strom* III ii 9 (513).
...τοῦ κυρίου φήσαντος· Ἐγὼ δὲ λέγω· Μὴ ἐπιθυμήσῃς. *Strom* III iv 31 (525).
Ἠκούσατε τοῦ νόμου παραγγέλλοντος· Οὐ μοιχεύσεις· ἐγὼ δὲ λέγω· Οὐκ ἐπιθυμήσεις. *Strom* III xi 71 (543).

29 f. = xviii 8 f. = Mc ix 43 ff. Εἰ σκανδαλίζει σε ὁ ὀφθαλμός σου, ἔκκοψον αὐτόν. *Paed* III xi 70 (294).
Κἂν ὁ δεξιός σου ὀφθαλμὸς σκανδαλίζῃ σε, ταχέως ἔκκοψον αὐτόν· αἱρετώτερον ἑτεροφθάλμῳ βασιλεία θεοῦ ἢ ὁλοκλήρῳ τὸ πῦρ· κἂν χεὶρ κἂν πούς κἂν ἡ ψυχή, μίσησον αὐτήν· ἂν γὰρ ἐνταῦθα ἀπόληται ὑπὲρ Χριστοῦ * * * *. *QDS* § 24 (949).

32 Ὥστε ὁ ἀπολύων τὴν γυναῖκα ⸿ χωρὶς λόγου πορνείας ποιεῖ αὐτὴν μοιχευθῆναι. *Strom* III vi 47 (533).
32 = xix 9 = Lc xvi 18 Ὁ δὲ ἀπολελυμένην λαμβάνων γυναῖκα μοιχᾶται, φησίν. *Strom* II xxiii 146 (506).
See on Mc x 11.
Οὐκ ἀπολύσεις γυναῖκα πλὴν εἰ μὴ ἐπὶ λόγῳ πορνείας. *Strom* II xxiii 145 (506).

36 Οὐδεὶς δὲ ἄλλος, φησὶν ὁ κύριος, δύναται ποιῆσαι τρίχα ⸿ λευκὴν ἢ μέλαιναν. *Paed* III iii 16 (262).

37 Πάλιν αὖ τῷ τοῦ κυρίου ῥητῷ· Ἔστω ⸿ ὑμῶν τὸ ναὶ ναὶ καὶ τὸ οὒ οὔ...*Strom* V xiv 99 (707).
Δικαιοσύνης γὰρ ἦν ἐπιτομὴ φάναι· Ἔσται ⸿ ὑμῶν τὸ ναὶ ναὶ καὶ τὸ οὒ οὔ. *Strom* VII xi 67 (872).
[*Strom* VII viii 50 (861, 862).]
...τὸ δὲ περιττὸν ἐκ τοῦ διαβόλου μεμήνυκεν ἡ γραφή. *Paed* II x 108 (232).

38 Τό· Ὀφθαλμὸν ἀντὶ ὀφθαλμοῦ καὶ ψυχὴν ἀντὶ ψυχῆς. *Strom* VIII ix 30 (932).
39 f. See on Lc vi 29.
42 Ἅμα γὰρ τῷ φάναι· Τῷ αἰτοῦντί σε δός, ἐπιφέρει· Καὶ τὸν θέλοντα ⸿ δανείσασθαι μὴ ἀποστραφῇς. *Strom* III vi 54 (536).

TISCH. v v. 32, l. 4 dimiserit]+Clem⁶³³ (ωστε ο απολυων) l. 7 Thphl[8,13]+Clem⁴⁶⁵
v. 36, l. 5 ημελ.] η μελ. v. 37, ll. 1, 2 Clem⁷⁰⁷·⁸⁷³] Clem⁷⁰⁷ L 2 245]+Clem⁶⁷²

With the μηδὲ in (461) cp. Eus *Dem* I 6, 17 (Migne xxii 53); 7, 12 (Migne xxii 72); in *Psalm* 70, 8 ἐγὼ δὲ λέγω (ὑμῖν) μηδὲ ἐπιθυμεῖν. With ἀλλοτρίᾳ γυναικί in (882) cp. Theophil iii 13 (Migne vi 1140), Herm *Mand* 4, 1, p. 76, 19. These references I owe to Resch *ad loc*.

v 36 The agreement of Clement's order with D 1 k Cyp Aug is worthy of notice.
37 Patristic quotations of this verse have been much coloured by reminiscences of Ja v 12. This accounts for the omission of ὁ λόγος. Note that Clement once reads ἔσται with B 245 Eus. Besides the Fathers quoted by Tisch. Cyr Alex 1, 212ᶜ Const 5, 12 (Migne i 857), Epiph 19, 6 (Migne xli 269), Eus *in Psalm* 14, 4 (Migne xxiii 152), *Prae* 13, 13 (Migne xxi 1112) have τὸ ναὶ ναί, καὶ τὸ οὒ οὔ, but these quotations are from Ja rather than Mt. For ἐκ τοῦ διαβόλου cp. Ephr *Paraen* xliii (vol 2, 161ᵈ), Greg Nyssa *in Cant Cant* hom xiii (Migne xliv 1040), Cyr Alex 1, 212ᶜ (Migne lxviii 472).
38 Cp. Exodus xxi 23 f.

v 44 = Lc vi 28 Οἴδεν γὰρ καὶ τὸν κύριον ἄντικρυς εὔχεσθαι ὑπὲρ τῶν ἐχθρῶν παραγγείλαντα. *Strom* VII xiv 84 (883).

44 = Lc vi 27, 35 Τὸ δὲ ἀγαπᾶν τοὺς ἐχθροὺς οὐκ ἀγαπᾶν τὸ κακὸν λέγει. *Strom* IV xiii 93 (605).

...ὁ τῆς εἰρήνης θεός, ὅ γε καὶ τοὺς ἐχθροὺς ἀγαπᾶν παραινῶν. *QDS* § 22 (948).

44 "Ἤδη δὲ ἀγαπᾶν τοὺς ἐχθροὺς κελεύει καὶ τοὺς καταρωμένους ἡμᾶς εὐλογεῖν προσεύχεσθαί τε ὑπὲρ τῶν ἐπηρεαζόντων ἡμᾶς. Τῷ τύπτοντί σε, φησὶν κτέ (Lc vi 29). *Paed* III xii 92 (307).

44 f. See also on Lc vi 27 ff. Ὅση δὲ καὶ χρηστότης, Ἀγαπᾶτε τοὺς ἐχθροὺς ὑμῶν, λέγει, εὐλογεῖτε τοὺς καταρωμένους ὑμᾶς, ∧ καὶ προσεύχεσθε ὑπὲρ τῶν ἐπηρεαζόντων ὑμῖν καὶ τὰ ὅμοια· οἷς προστίθησιν· Ἵνα γένησθε υἱοὶ τοῦ πατρὸς ὑμῶν τοῦ ἐν τοῖς οὐρανοῖς. *Strom* IV xiv 95 (605).

45 Ὁ γὰρ τὰ πάντα καθικνεύων δικαιοσύνης ἥλιος ἐπ' ἴσης περιπολεῖ τὴν ἀνθρωπότητα, τὸν πατέρα μιμούμενος, ὃς ἐπὶ πάντας ἀνθρώπους ἀνατέλλει τὸν ἥλιον αὑτοῦ καὶ καταψεκάζει τὴν δρόσον τῆς ἀληθείας. *Protr* xi 114 (88).

Ἐπὶ τούτοις αὖθις, Ὁ πατήρ μου, φησίν, ἐπιλάμπει τὸν ἥλιον τὸν αὐτοῦ[1] ἐπὶ πάντας...καὶ πάλιν, Ὁ πατήρ μου, φησίν, βρέχει ἐπὶ δικαίους καὶ ἀδίκους. *Paed* I viii 72 (141).

...καὶ τὸν ἥλιον ἐπιλάμποντος τὸν αὐτοῦ[2]. *Paed* I ix 88 (150).

Ὅ τε γὰρ θεὸς ἐπὶ δικαίους καὶ ἀδίκους τὸν αὐτοῦ ἐπιλάμπει ἥλιον. *Strom* VII xiv 85 (884).

...ἐπὶ δικαίους καὶ ἀδίκους τὸ εὐμενὲς τοῦ λόγου καὶ τῶν ἔργων καθάπερ ὁ ἥλιος ἐπιλάμποντες. *Strom* VII xiv 86 (885).

Βρέχει γὰρ ἐπὶ δικαίους καὶ ἀδίκους, καὶ τὸν ἥλιον ἐπιλάμπει πᾶσιν. *Exc ex Theod* § 9 (969).

...ἐπεὶ καὶ τῆς θείας χάριτος ὁ ὑετὸς ἐπὶ δικαίους καὶ ἀδίκους καταπέμπεται. *Strom* V iii 18 (656).

Ὁρᾷς ὅτι ὁ βρέχων ἐπὶ δικαίους καὶ ἀδίκους...εἷς ἐστι θεός; *Strom* VI iii 29 (753).

45, 48 ...ἐπὶ δικαίους καὶ ἀδίκους δίκαιος καὶ ἀγαθὸς γινόμενος. τοιούτοις τισὶν ὁ κύριος λέγει· Γίνεσθε ὡς ὁ πατὴρ ὑμῶν τέλειος. *Strom* IV xxii 137 (626).

1 αὐτοῦ F αὐτοῦ M corr. pr. m. ex αὐτοῦ (hiat P) 2 αὐτοῦ F (hiat P)

TISCH. V v. 44, l. 3 a fin ημιν] υμιν v. 45, l. 3 al]+Clem²⁶ v. 48, l. 1 Clem^bis] Clem⁵⁹⁵·⁷⁹²·⁸⁵¹·⁸⁸⁶

v 44 f. οἷς προστίθησιν introducing a verse certainly from Mt seems to imply that ἀγαπᾶτε— ἐπηρ. ὑμῶν is also quoted from the same gospel. But in (307) we find ἀγαπᾶτε— ἐπηρ. ὑμῖν quoted in oblique construction, implying a text verbally the same (except ὑμᾶς for ὑμῖν) as the one given here, and followed by a verse certainly from Lc: moreover, εὐλογεῖτε τοὺς κατ. ὑμᾶς and ἐπηρεαζόντων belong properly to the Lucan text, and have only been introduced into Mt for harmonistic reasons. There seems practically no evidence in Mt for ἐπηρεαζόντων without διωκόντων. On the other hand, if these quotations are from Lc, it is strange that the words καλῶς ποιεῖτε τοῖς μισοῦσιν ὑμᾶς are omitted in both cases. Probably Clement had a stereotyped way of quoting the text, without considering which Gospel he was quoting from. [We may notice however that Aphraates 34 exactly agrees with Clement (against syr.vt). F. C. B.]

45 It should be noticed that Clement in (88) supports the reading ὅς for ὅτι, and that he 5 times substitutes ἐπιλάμπειν for ἀνατέλλειν, although (88) shows that he was acquainted with the true reading.

48 Loose as these quotations are, the repeated use of γίνεσθε, as in Lc vi 36 (cp. γινομένῳ 792), is curious.

QUOTATIONS FROM ST MATTHEW. 9

...τῷ γνωστικῷ εἰς ὅσον ἀνθρωπίνῃ θεμιτὸν φύσει γινομένῳ τελείῳ ὡς ὁ πατήρ, φησίν, ὁ ἐν τοῖς οὐρανοῖς. *Strom* VI xii 104 (792).

Καὶ μή τι τὸν γνωστικὸν τέλειον εἶναι βουλόμενος ὁ σωτὴρ ἡμῶν ὡς τὸν οὐράνιον πατέρα... *Strom* VII xiii 81 (881).

...οἳ καὶ συνήσουσιν ὅπως εἴρηται πρὸς τοῦ κυρίου· Γίνεσθε ὡς ὁ πατὴρ ὑμῶν τέλειοι. *Strom* VII xiv 88 (886).

...τὸν μόνον τέλειον καὶ ἀγαθὸν θεόν. *QDS* § 1 (935).

vi 1 f., 17 f. Ἐὰν[1] ποιήσῃς, φησίν, ἐλεημοσύνην, μηδεὶς γινωσκέτω· καὶ ἐὰν νηστεύσῃς, ἄλειψαι, ἵνα ὁ θεὸς μόνος γινώσκῃ, ἀνθρώπων δὲ οὐδὲ εἷς· ἀλλ' οὐδὲ αὐτὸς ὁ ἐλεῶν ὅτι ἐλεεῖ γινώσκειν ὀφείλει. *Strom* IV xxii 138 (627).

6 Εἰ γὰρ ἐν τῷ ταμιείῳ μυστικῶς προσεύχεσθαι τῷ θεῷ δίκαιον... *Paed* III xi 82 (301, 302).

Εἰ δὲ ἐν τῷ ταμιείῳ εὐχῇ, ὡς ὁ κύριος ἐδίδαξε πνεύματι προσκυνεῖν, οὐκέτι περὶ τὸν οἶκον εἴη ἂν μόνη ἡ οἰκονομία, ἀλλὰ καὶ περὶ τὴν ψυχήν... *Strom* I vi 34 (336).

...ἐν αὐτῷ τῷ ταμιείῳ τῆς ψυχῆς... *Strom* VII vii 49 (861).

7 Ἀλλὰ τῇ διὰ στόματος εὐχῇ οὐ πολυλόγῳ χρῆται παρὰ τοῦ κυρίου καὶ ἃ χρὴ αἰτεῖσθαι μαθών. *Strom* VII vii 49 (861).

8 Ὁ τὰ πάντα εἰδὼς θεὸς ὅτι ἂν συμφέρῃ καὶ οὐκ αἰτουμένοις τοῖς ἀγαθοῖς χορηγεῖ. *Strom* VII vii 46 (858).

Τοῖς δ' ὅσοι ἄξιοι τὰ ὄντως ἀγαθὰ καὶ μὴ αἰτουμένοις δίδοται. *Strom* VII xii 73 (876).

9 Ὁ δὲ κύριός φησιν ἐν τῇ προσευχῇ· Πάτερ ἡμῶν ὁ ἐν τοῖς οὐρανοῖς[2]. *Paed* I viii 73 (141).

[*Ecl Proph* § 19 (993).]

9 = Lc xi 2 Sic habes etiam in oratione dominica: Sanctificetur, inquit, nomen tuum. *Adumbr in* 1 *Pe* iii 15; Zahn *Forsch* iii 81 (1007).

10 Εἰκὼν δὲ τῆς οὐρανίου ἐκκλησίας ἡ ἐπίγειος· ὅπερ[3] εὐχόμεθα καὶ ἐπὶ ∧ γῆς γενέσθαι τὸ θέλημα τοῦ θεοῦ ὡς ἐν οὐρανῷ. *Strom* IV viii 66 (593).

...καθάπερ ἡ ἐκκλησία...πόλις ἐπὶ γῆς, θέλημα θεῖον ἐπὶ ∧ γῆς ὡς ἐν οὐρανῷ. *Strom* IV xxvi 172 (642).

12 See on Lc xi 4.

14 f. = Mc xi 25 Ἄφιετε, ἵνα ἀφεθῇ ὑμῖν. *Strom* II xviii 91 (476).

Τρίτη δ' αἰτία τό· Ἄφες, καὶ ἀφεθήσεταί σοι. *Strom* VII xiv 86 (885).

17 f. See on vi 1 f.

19 Μὴ θησαυρίζετε τοίνυν ὑμῖν[4] θησαυροὺς ἐπὶ τῆς γῆς, ὅπου σὴς καὶ βρῶσις ἀφανίζει καὶ ∧ κλέπται διορύσσουσι καὶ κλέπτουσι. *Strom* IV vi 33 (578).

1 ἐὰν]+μὴ (sed statim expunctum) L   2 οὐρανοῖς M   3 ὅπερ L, διόπερ Sylburg
4 ἡμῖν sed η in υ correctum pr. man. L

TISCH. VI v. 10, l. 2 D*]+(hiat d)   Clem[593]+et[642]   v. 19, l. 1 Clem[637]+[550]

vi 6 ταμιεῖον is the best supported spelling in the N.T.

On (336) Prof. J. B. Mayor writes in the Classical Review (June, 1894): "Insert ἡ after εἰ δὲ and read εὐχή for εὐχῇ and μόνον for μόνη, translating 'if the prayer in the closet is, as the Lord taught, to pray in spirit, housekeeping would no longer be occupied with the house alone, but with the soul also.'"

10 In (593) Sylburg's emendation διόπερ appears to be unnecessary; cp. the use of ὅ in Eurip *Phoen* 155 ὃ καὶ δέδοικα μὴ σκοπῶσ' ὀρθῶς θεοί and 263. "As we pray," appears to be the meaning.

14 f. The passage in (476) is quoted from Clem Rom I xiii 2 (see note on Mt v 7). With (885) cp. passages quoted by Resch *Agrapha* p. 97.

Κατατρέχει δέ τις γενέσεως φθαρτὴν καὶ ἀπολλυμένην λέγων, καὶ βιάζεταί τις ἐπὶ τεκνοποιίας λέγων εἰρηκέναι τὸν σωτῆρα ἐπὶ ⋏ γῆς μὴ θησαυρίζειν ὅπου σὴς καὶ βρῶσις ἀφανίζει. *Strom* III xii 86 (550).

...ἕτερος δὲ ὁ μηδενὶ μεταδιδοὺς κενῶς καὶ[1] θησαυρίζων ἐπὶ τῆς γῆς ὅπου σὴς καὶ βρῶσις ἀφανίζει. *Strom* III vi 56 (537).

Καλή γε καὶ ἐράσμιος ἡ κληρονομία, οὐ χρυσίον, οὐκ ἄργυρος, οὐκ ἐσθής, ἔνθα που σὴς καὶ τὰ τῆς γῆς, λῃστὴς που καταδύεται περὶ τὸν χαμαίζηλον πλοῦτον ὀφθαλμιῶν. *Protr* x 93 (75).

vi 20 Ὁ γὰρ τοῦ δικαίου ζηλωτής...οὐκ ἐν ἄλλῳ τινὶ ἢ ἐν αὐτῷ[2] καὶ τῷ θεῷ τὸ μακάριον θησαυρίσας, ἔνθα οὐ σής, οὐ λῃστής, οὐ πειρατής, ἀλλ᾽ ὁ τῶν ἀγαθῶν ἀίδιος δοτήρ. *Protr* x 105 (83).

Οὗτος...τὸν ἀνώλεθρον ἐξευρίσκει[3] θησαυρόν, ἔνθα οὐ σής, οὐ λῃστής. *Paed* III vi 34 (274).

Κτήσασθε θησαυροὺς ἐν οὐρανῷ, ὅπου μήτε σὴς μήτε βρῶσις ἀφανίζει μήτε κλέπται ⋏ διορύσσουσι. *QDS* § 13 (942).

21 = Lc xii 34 Ὅπου γὰρ ⋏ ὁ νοῦς[4] τινός, φησίν, ἐκεῖ ⋏ καὶ ὁ θησαυρὸς αὐτοῦ. *Strom* VII xii 77 (878).

Ὅπου γὰρ ⋏ ὁ νοῦς τοῦ ἀνθρώπου, ἐκεῖ ⋏ καὶ ὁ θησαυρὸς αὐτοῦ. *QDS* § 16 (17) (944).

22 = Lc xi 34 ⋏ Λύχνος γὰρ τοῦ σώματός ἐστιν ὁ ὀφθαλμός ⋏, φησὶν ἡ γραφή. *Paed* III xi 70 (294).

24 = Lc xvi 13 Οὐδεὶς δύναται δυσὶ δουλεύειν κυρίοις, θεῷ καὶ μαμωνᾷ. *Strom* IV vi 30 (577).

Οὐδεὶς γὰρ δύναται δυσὶ κυρίοις δουλεύειν, θεῷ καὶ μαμωνᾷ. *Strom* VII xii 71 (875).

Οὐ γάρ, οἶμαι, ἐβούλοντο[5] κατὰ τὴν τοῦ σωτῆρος[6] ἐντολὴν δυσὶ κυρίοις δουλεύειν, ἡδονῇ καὶ θεῷ[7]. *Strom* III iv 26 (523).

Πάλιν γὰρ ἐπὶ ταὐτὸ συγχωρήσας (so ὁ Τατιανὸς) γενέσθαι διὰ τὸν Σατανᾶν καὶ τὴν ἀκρασίαν, τὸν πεισθησόμενον[8] δυσὶ κυρίοις μέλλειν δουλεύειν ἀπεφήνατο, διὰ μὲν συμφωνίας θεῷ, διὰ δὲ τῆς ἀσυμφωνίας ἀκρασίᾳ καὶ πορνείᾳ καὶ διαβόλῳ. *Strom* III xii 81 (547).

25 See on Lc xii 22 f.
26 See on Lc xii 24.

1 κενῶς δὲ καὶ coni. J. B. Mayor: forsitan legendum καὶ κενῶς   2 αὐτῷ Dind. sed mihi καὶ omittendum uidetur   3 ἐξενήσει F   4 νοῦς et θησαυρὸς transponenda esse monuit Arcerius
5 ἐβούλετο Euseb. *HE* iii 23   6 κυρίου καὶ σωτῆρος Euseb. odd tres   7 κυρίῳ Euseb.
8 πεισθησόμενον L Dind. πειθησ. vedd

TISCH. VI v. 20 l. 2 *dele* Clem   v. 21 ad fin ανθρωπου]+Clem⁸⁷⁸ et ⁹⁴⁴   v. 33, l. 14 τὰ μεγάλα] *dele* τὰ

vi 19 In (550), as Dindorf points out, Clement is probably referring to the work of Tatian entitled περὶ τοῦ κατὰ τὸν σωτῆρα καταρτισμοῦ. Cp. *Strom* III xii 81 (547).
21 Cp. Just *Ap* i 15 (Migne vi 352) ὅπου γὰρ ὁ θησαυρός ἐστιν, ἐκεῖ καὶ ὁ νοῦς τοῦ ἀνθρώπου. On the first passage of Clement Prof. J. B. Mayor (*Classical Review*, Dec. 1895, p. 435) says: "Dindorf would transpose νοῦς and θησαυρός to make the words agree with St Matthew; but we find the same order in *De Div Serv* § 17, and this appears to be more in harmony with the preceding clause here προκρίνων ταῦτα ἐξ ὧν εἶναι πεπίστευκεν."

QUOTATIONS FROM ST MATTHEW.   11

vi 27 = Lc xii 25   Οὐ γὰρ τῇ ἡλικίᾳ, φησίν, ἐκ τοῦ φροντίζειν προσθεῖναί τι δύνασθε.   *Ecl Proph* § 12 (992).

28—33 See on Lc xii 27—31.

32 f. = Lc xii 30 f. Καὶ πάλιν· Οἶδεν γὰρ ὁ πατὴρ ὑμῶν ∧ ὅτι χρῄζετε τούτων ἁπάντων· ζητεῖτε δὲ πρῶτον τὴν βασιλείαν τῶν οὐρανῶν καὶ τὴν δικαιοσύνην ∧, ταῦτα γὰρ μεγάλα, τὰ δὲ μικρὰ καὶ περὶ τὸν βίον ταῦτα ∧ προστεθήσεται ὑμῖν. *Strom* IV vi 34 (579).

Ζητεῖτε γὰρ, εἶπεν, καὶ μεριμνᾶτε τὴν βασιλείαν τοῦ θεοῦ ∧, καὶ ταῦτα πάντα προστεθήσεται ὑμῖν· οἶδεν γὰρ ὁ πατὴρ ∧ ὧν χρείαν ἔχετε. *Ecl Proph* § 12 (992).

Ζητεῖτε πρῶτον τὴν βασιλείαν τῶν οὐρανῶν ∧, καὶ ταῦτα πάντα προστεθήσεται ὑμῖν. *Paed* II xii 120 (242).

See also on Lc xii 30 f. and 31.

34 Τοῖς γοῦν προβεβηκόσιν ἐν τῷ λόγῳ ταύτην ἐπεκήρυξεν[1] τὴν φωνήν, ἀφροντιστεῖν κελεύων τῶν τῇδε πραγμάτων καὶ μόνῳ προσέχειν τῷ πατρὶ παραινῶν μιμουμένους τὰ παιδία· διὸ κἄν[2] τοῖς ἐχομένοις λέγει· Μὴ ∧ μεριμνᾶτε περὶ τῆς αὔριον· ∧ ἀρκετὸν γὰρ τῇ ἡμέρᾳ ἡ κακία αὐτῆς. *Paed* I v 17 (107, 108).

Μὴ γὰρ μεριμνᾶτε, φησί[3], περὶ τῆς αὔριον. *Paed* I xii 98 (157).

vii 1 f. See on Lc vi 37 f.

1 Μὴ κρῖνε τοίνυν ἵνα μὴ κριθῇς. *QDS* § 33 (954).

6 ...τῶν δὲ ἁγίων μεταδιδόναι τοῖς κυσὶν ἀπαγορεύεται, ἔστ' ἂν μένῃ θηρία. *Strom* II ii 7 (432).

Ταῦτα ἦν ἐμποδὼν τοῦ γράφειν ἐμοί, καὶ νῦν ἔτι εὐλαβῶς ἔχω, ᾗ[4] φησίν, ἔμπροσθεν τῶν χοίρων τοὺς μαργαρίτας βάλλειν, μήποτε καταπατήσωσι ∧ τοῖς ποσὶ ∧ καὶ στραφέντες ῥήξωσιν ὑμᾶς[b].   *Strom* I xii 55 (348).

7 = Lc xi 9   Αἰτεῖσθε γὰρ καὶ δοθήσεται ὑμῖν. *Strom* II xx 116 (489).

Διὰ τοῦτο εἶπεν· Αἰτεῖσθε[6] καὶ δοθήσεται ὑμῖν. *Strom* III vii 57 (537).

Ζητεῖτε[7] γὰρ καὶ εὑρήσετε, λέγει. *Strom* I xi 51 (346).

...ὅθεν, Ζήτει, φησί, καὶ εὑρήσεις. *Strom* IV ii 5 (565).

Ζήτει γὰρ καὶ εὑρήσεις, λέγει. *Strom* v i 11 (650).

...ἔμπαλιν δὲ ἡ βάρβαρος φιλοσοφία...Ζητεῖτε, εἶπεν, καὶ εὑρήσετε, κρούετε καὶ ἀνοιγήσεται[8] ∧, αἰτεῖσθε καὶ δοθήσεται ὑμῖν.   *Strom* VIII i 1 (914).

7 f. = Lc xi 9 f. Τῷ κρούοντι γάρ, φησίν, ἀνοιγήσεται· αἰτεῖτε καὶ δοθήσεται ὑμῖν. *Strom* v iii 16 (654).

Τῷ αἰτοῦντι, φησίν, δοθήσεται, καὶ τῷ κρούοντι ἀνοιγήσεται. *Paed* III vi 36 (275).

[*Paed* III vii 40 (278); *QDS* § 10 (940).]

...Αἴτησαι, λέγων, καὶ ποιήσω· ἐννοήθητι καὶ δώσω. *Strom* VI ix 78 (778).

1 ἐπεκήρυξε F   2 κἄν FM (hiat P)   3 φησὶν F   4 ᾗ L ἢ φησὶν post βάλλειν forsitan ponendum est   5 ἡμᾶς σ   6 σθ in τ correctum pr. man. L   7 -τε super rasuram L
8 add ὑμῖν edd (non ϱ)

Tisch. VII v. 6, l. 1 fere]+Clem[346 lib]   v. 7 αιτειτε (et Clem[664])...αιτεισθε Clem[489, 637 at uid 914]

vi 32 f. ταῦτα γὰρ μεγάλα κτἑ] Cp. *Strom* I xxiv 158 (416) αἰτεῖσθε γάρ, φησί, τὰ μεγάλα καὶ τὰ μικρὰ ὑμῖν προστεθήσεται. For other parallels cp. Resch *Agrapha* pp. 114 f.

vii 7 f. (778). "Haec ex apocrypho quodam libro petita, infra allegauit auctor p. 790 et Strom 7 p. 876." Potter.

Αἴτησαι, φησὶν ἡ γραφή, καὶ ποιήσω· ἐννοήθητι καὶ δώσω. Strom vi xii 101 (790).
Λέγει γὰρ ὁ θεὸς τῷ δικαίῳ· Αἴτησαι καὶ δώσω σοι· ἐννοήθητι καὶ ποιήσω. Strom vii xii 73 (876).
...ᾧ μόνῳ ἡ αἴτησις...γίνεται καὶ αἰτήσαντι καὶ ἐννοηθέντι. Strom vii vii 41 (855).

vii 11 = Lc xi 13 Εἰ δὲ ἡμεῖς πονηροὶ ὄντες ἴσμεν ἀγαθὰ δόματα διδόναι, πόσῳ μᾶλλον ὁ πατὴρ τῶν οἰκτιρμῶν κτέ. QDS § 39 (957).

13 Ἀκηκόασι γὰρ διὰ τῆς ἐντολῆς ὅτι Πλατεῖα ∧ καὶ εὐρύχωρος ∧ ὁδὸς ἀπάγει εἰς τὴν ἀπώλειαν καὶ πολλοί ∧ οἱ διερχόμενοι δι' αὐτῆς. Strom iv vi 34 (578).

13 f. Πάλιν αὖ δύο ὁδοὺς ὑποτιθεμένου τοῦ εὐαγγελίου καὶ τῶν ἀποστόλων...καὶ τὴν μὲν καλούντων στενὴν καὶ τεθλιμμένην,...τὴν δὲ ἐναντίαν τὴν εἰς ἀπώλειαν φέρουσαν πλατεῖαν καὶ εὐρύχωρον... Strom v v 31 (664).

14 Ὁδός ἐστιν ὁ κύριος, στενὴ μέν, ἀλλ' ἐξ οὐρανῶν, στενὴ μέν, ἀλλ' εἰς οὐρανοὺς ἀναπέμπουσα. Protr x 100 (79).
Στενὴ γὰρ τῷ ὄντι ∧ καὶ τεθλιμμένη ἡ ὁδὸς κυρίου. Strom iv ii 5 (565).
...διὰ πάσης τῆς στενῆς διελθόντας ὁδοῦ. Strom iv xxii 138 (627).
...τοῖς διὰ στενῆς καὶ τεθλιμμένης τῆς κυριακῆς ὄντως ὁδοῦ εἰς τὴν ἀΐδιον καὶ μακαρίαν παραπεμπομένοις σωτηρίαν. Strom vi i 2 (736).
[Strom vii xvi 93 (889).]

15 Λύκους δὲ ἄλλους ἀλληγορεῖ προβάτων κωδίοις[1] ἠμφιεσμένους, τοὺς ἐν ἀνθρώπων μορφαῖς ἁρπακτικοὺς αἰνιττόμενος. Protr i 4 (4).
Λύκοι οὗτοι ἅρπαγες προβάτων κωδίοις ἐγκεκρυμμένοι. Strom i viii 40 (340).

16 ...τοὺς ψευδοπροφήτας...ἐξ ἔργων γινώσκεσθαι παρειλήφαμεν. Strom iii iv 35 (527).

16 = Lc vi 44 Καὶ ἡμεῖς μὲν ἐξ ἀκανθῶν τρυγῶμεν σταφυλὴν καὶ σῦκα ἀπὸ βάτων. Paed ii viii 74 (215).

20 See on Lc vi 44.

21 Οὐ πᾶς ἄρα ὁ λέγων ∧· Κύριε κύριε· εἰσελεύσεται εἰς τὴν βασιλείαν τοῦ θεοῦ, ἀλλ' ὁ ποιῶν τὸ θέλημα τοῦ θεοῦ. Strom vii xii 74 (877).
Τίς οὗτος; ὁ εἰπών· Τί με λέγετε· Κύριε· καὶ οὐ ποιεῖτε τὸ θέλημα τοῦ πατρός μου; Strom vii xvi 104 (896). Cp. Lc vi 46.
[Ecl Proph § 19 (993).]

23 ...τοὺς δὲ ἐκκλίνοντας εἰς τὰς στραγγαλιὰς ἀπάγει μετὰ τῶν ἐργαζομένων τὴν ἀνομίαν. Fragm apud Macarium Chrysoceph orat XIII in Matth; Zahn Forsch iii 52 (1020).

viii 12 = xxii 13 = xxv 30 Καθὸ κἀκεῖνο εἴρηται· Οἱ δὲ ἁμαρτίαις περιπεσόντες βληθήσονται εἰς τὸ σκότος τὸ ἐξώτερον· ἐκεῖ ἔσται ὁ κλαυθμὸς καὶ ὁ βρυγμὸς τῶν ὀδόντων, καὶ τὰ παραπλήσια. Paed i x 91 (151).

1 κωι.δίοις (erasa una littera ante δ) P

TISCH. VII v. 8, l. 1 Clem⁶⁵⁴] Clem²⁷⁵·⁶⁵⁴   v. 11, l. 1 vg^cd]+Clem⁹⁵⁷   v. 13, l. 2 a fin sah]
+Clem⁵⁷⁸   ad fin εισπορ.]+...διερχομ. Naass (vide post) Clem⁵⁷⁸   v. 14, l. 13 Clem (vide ad v. 13)] Clem⁷⁹·⁵⁶⁵·⁶²⁷·⁶⁴⁴·⁷³⁶   VIII v. 12, l. 5 Chr]+Item Clem¹⁵¹ βληθησονται

vii 13 f. Clement consistently omits ἡ πύλη in both verses, as do a h k m Naass (Or) Eus Ephr Diat (Moes. p. 118, but not p. 263). διερχόμενοι in (578) (cp. 627) is also found in Hippolytus Philosophumena v 8 (Naassenes) p. 116, ed. Miller.

15 The repetition of κωδίοις is worthy of remark, but this can hardly be regarded as a true variant.

QUOTATIONS FROM ST MATTHEW. 13

iii 20 = Lc ix 58 Τοῦτό που αἰνίσσεται ἡ σωτήριος ἐκείνη φωνή· Αἱ ἀλώπεκες φωλεοὺς ἔχουσιν, ˄ ὁ δὲ υἱὸς τοῦ ἀνθρώπου οὐκ ἔχει ποῦ τὴν κεφαλὴν κλίνει[1]. *Strom* I iii 23 (329).

Αἱ ἀλώπεκες ἄρα φωλεοὺς ἔχουσι, and lower down, πετεινὰ γὰρ οὐρανοῦ... *Strom* IV vi 31 (577).

22 = Lc ix 60...κἂν συγχρήσωνται τῇ τοῦ κυρίου φωνῇ λέγοντος τῷ Φιλίππῳ· Ἄφες τοὺς νεκροὺς θάψαι τοὺς ἑαυτῶν νεκρούς· σὺ δὲ ἀκολούθει μοι. *Strom* III iv 25 (522).

Οἱ νεκροὶ τοὺς νεκροὺς θαπτέτωσαν, σὺ δέ μοι ἀκολούθει. *QDS* § 23 (948).

Οἱ δὲ οὐκ αὔριον ἀληθῶς, ἀλλ' ἤδη τεθνήκασι τῷ θεῷ, θάπτοντες τοὺς σφετέρους νεκρούς, τουτέστιν αὐτοὺς εἰς θάνατον κατορύττοντες. *Paed* III xi 81 (301).

x 2, 5 /// Lc vii 48 Ἀφέωνταί σοι αἱ ἁμαρτίαι ˄, τοῖς ἁμαρτωλοῖς ἡμῖν λέγει. *Paed* I ii 6 (101).

6 /// Ἀνάστα, φησί[2] τῷ παρειμένῳ, τὸν σκίμποδα ἐφ' ὃν κατάκεισαι λαβὼν ἄπιθι οἴκαδε. παραχρῆμα δὲ ὁ ἄρρωστος ἐρρώσθη. *Paed* I ii 6 (101).

10 /// [*QDS* § 13 (942).]

13 = xii 7 ...ὥς οἱ προφῆται λέγουσιν· Ἔλεον γάρ φησι θέλω καὶ οὐ θυσίαν. *Strom* IV vi 38 (580).

Διὸ καὶ κέκραγεν· Ἔλεον θέλω καὶ οὐ θυσίαν. *QDS* § 39 (957).

22 /// et saepe. Ἡ πίστις σου σέσωκέν σε. *Strom* V i 2 (644); VI vi 44 (762); VI xiv 108 (794).

27 See on Mc x 47 f.

29 ...τὸ λεχθέν· Γενηθήτω κατὰ τὴν πίστιν σου. *Paed* I vi 29 (115).

...καὶ πάλιν· Κατὰ τὴν πίστιν σου γενηθήτω σοι. *Strom* II xi 49 (454).

Ὁ γοῦν σωτήρ φησι[3]· Γενηθήτω σου κατὰ τὴν πίστιν. *Exc ex Theod* § 9 (969).

37 = Lc x 2 Εἰ γοῦν ὁ μὲν θερισμὸς πολύς, οἱ δὲ ἐργάται βραχεῖς, τῷ ὄντι δεῖσθαι καθήκει ὅπως ὅτι μάλιστα πλείονων ἡμῖν ἐργατῶν εὐπορία γένηται. *Strom* I i 7 (319).

x 5 Εἰς ὁδὸν ἐθνῶν μὴ ἀπέλθητε καὶ εἰς πόλιν Σαμαρειτῶν μὴ εἰσέλθητε. *Strom* III xviii 107 (561).

8 ...δωρεὰν λαβών, δωρεὰν διδούς. *Strom* I i 9 (321).

10 Δεῖ γὰρ καὶ τὸν ἐργάτην τροφῆς ἀξιοῦσθαι. *Strom* II xviii 94 (478). Cp. Lc x 7, 1 Tim v 18.

15 = xi 24 = Lc x 12 Sicut Sodoma inquit et Gomorrha, quibus significat dominus remissius esse et eruditos paenituisse. *Adumbr in epist Judae* v. 7; Zahn *Forsch* iii 84 (1008).

1 κλίνῃ Klotz, Dind.   2 φησίν F   3 φᾶσι L

TISCH. VIII v. 22, l. 4 μοι+cf et [948]   IX v. 13, l. 3 Clem[580. 947] Clem[580. 957]

viii 22 Syr.*sin-crt* have "*Let the dead bury their dead, and thou come after me.*" The change of order appears to be due to a reminiscence of Lc ix 60.
ix 29 See Resch *Ausserc Parallelt ad loc.* for similar quotations of this passage.

x 16 Φρόνιμοι γένεσθε καὶ ἀβλαβεῖς. *Protr* x 106 (83).
Μίξας¹ οὖν τῇ περιστερᾷ τὸν ὄφιν... *Strom* vii xiii 82 (882).
[*Paed* i v 14 (106).]
19 f. =Lc xii 11 f. [*Strom* iv ix 73 (596).]
22 =xxiv 13 Ὁ δὲ ὑπομείνας εἰς τέλος, οὗτος σωθήσεται. *Strom* iv ix 74 (596).
Ὁ ∧ ὑπομείνας εἰς τέλος, οὗτος σωθήσεται. *QDS* § 32 (954).
23 'Ἐπὰν δ' ἐμπαλιν ἔπη· Ὅταν ∧ διώκωσιν ὑμᾶς ἐν τῇ πόλει ταύτῃ, φεύγετε εἰς τὴν ἄλλην·... *Strom* iv x 76 (597).
24 f. Οὐδεὶς γὰρ μαθητὴς ὑπὲρ τὸν διδάσκαλον ∧· ἀρκετὸν δὲ ἐὰν γενώμεθα ὡς ὁ διδάσκαλος. *Strom* ii xvii 77 (469).
25 'Ἀλλ', 'Ἀρκετὸν γὰρ τῷ μαθητῇ γενέσθαι² ὡς ὁ διδάσκαλος ∧, λέγει ὁ διδάσκαλος. *Strom* vi xiv 114 (798).
26 =Mc iv 22=Lc viii 17=Lc xii 2 Κἄν τις λέγῃ γεγράφθαι· Οὐδὲν κρυπτὸν ὃ οὐ φανερωθήσεται, οὐδὲ κεκαλυμμένον ὃ οὐκ ἀποκαλυφθήσεται... *Strom* i i 13 (323).
27 'Ἀλλ', Ὁ ἀκούετε εἰς τὸ οὖς³, φησὶν ὁ κύριος, κηρύξατε ἐπὶ τῶν δωμάτων (but further on καθάπερ ἠκούσαμεν εἰς τὸ οὖς). *Strom* i xii 56 (348).
Ὁ δὲ ἀκούετε εἰς τὸ οὖς...ἐπὶ τῶν δωμάτων, φησί, κηρύξατε. *Strom* vi xv 124 (802).
[*Strom* vi xv 115 (798).]
28 =Lc xii 5 Φοβήθητε γοῦν, λέγει, τὸν μετὰ θάνατον δυνάμενον καὶ ψυχὴν καὶ σῶμα εἰς γέενναν βαλεῖν. *Exc ex Theod* § 14 (972).
...ὁ σωτὴρ λέγει φοβεῖσθαι δεῖν τὸν δυνάμενον ταύτην τὴν ψυχὴν καὶ τοῦτο τὸ σῶμα τὸ ψυχικὸν ἐν γεέννῃ ἀπολέσαι. *Exc ex Theod* § 51 (981).
[*Ecl Proph* § 26 (996).]
30 See on Lc xii 7.
32 Πᾶς οὖν ὅστις ἐὰν ὁμολογήσῃ ἐν ἐμοὶ ἔμπροσθεν τῶν ἀνθρώπων, ὁμολογήσω κἀγὼ ἐν αὐτῷ ἔμπροσθεν τοῦ πατρός μου τοῦ ἐν ∧ οὐρανοῖς. *Strom* iv ix 70 (595).
32 f. =Lc xii 8 f. Καὶ καλῶς ἐπὶ μὲν τῶν ὁμολογούντων Ἐν ἐμοὶ εἶπεν, ἐπὶ δὲ τῶν ἀρνουμένων τὸ Ἐμέ προσέθηκεν......Οὐ γὰρ εἶπεν· Ὅς ∧ ἀρνήσηται ἐν ἐμοί, ἀλλ' ἐμέ... τὸ δέ· Ἔμπροσθεν τῶν ἀνθρώπων κτέ. *Heracleon apud Clem Strom* iv ix 72 (596); cp. Brooke *Fragments of Heracleon*, pp. 102 f.
37 Ὁ γὰρ φιλῶν πατέρα ἢ μητέρα ὑπὲρ ἐμέ...οὐκ ἔστι μου ἄξιος, λέγει. *Strom* vii xvi 93 (889).
38 =Lc xiv 26 f. Ὅθεν εἴρηται· Ὅς οὐκ αἴρει τὸν σταυρὸν αὐτοῦ καὶ ἀκολουθεῖ μοι, οὐκ ἔστι μου ἀδελφός. *Exc ex Theod* § 42 (979).

1 μείξας L   2 γενέσθαι in marg. habet L pr. manu   3 οὖς L

TISCH. x v. 24, l. 1 al mu)+Clem⁴⁶⁹   v. 27, l. 1 ακουετε]+(ante εισ τ. ουσ ponit Clem³⁴⁸. ⁸⁰²)
l. 2 item a al]+Clem³⁴⁸ semel (ηκουσαμεν)   v. 30, l. 2 Clem²⁵³]+(sed forsitan ad Lc spectat)
v. 38 ad fin]+|αξιοσ: Thdot ap Clem⁹⁷⁹ αδελφοσ...ck (Tert) Cyp²/₃ 'discipulus'

x 28 φοβηθητε and εἰς γ. β. from Lc. But syr.sin has in Mt: "*who is able to cast both body and soul into hell.*"
38 αἴρει and ἀκολ. μοι. Cp. Mt xvi 24///

QUOTATIONS FROM ST MATTHEW. 15

x 39 Cp. xvi 25 /// Ὁ γὰρ εὑρὼν¹ τὴν ψυχὴν αὐτοῦ ἀπολέσει αὐτήν, καὶ ὁ ἀπολέσας ∧ εὑρήσει αὐτήν. *Strom* IV vi 27 (575).
Ὁ ἀπολέσας τὴν ψυχὴν τὴν ἑαυτοῦ, ∧ φησὶν ὁ κύριος, σώσει αὐτήν. *Strom* II xx 108 (486).
[*QDS* § 24 (949).]

40 Cp. Lc x 16 Ὁ ὑμᾶς δεχόμενος ἐμὲ δέχεται, ὁ ὑμᾶς μὴ δεχόμενος ἐμὲ ἀθετεῖ. *QDS* § 30 (952).

41 f. Ὅς γὰρ ἂν δέξηται, φησί, προφήτην εἰς ὄνομα προφήτου μισθὸν προφήτου λήψεται, καὶ ὃς ἂν δέξηται δίκαιον εἰς ὄνομα δικαίου μισθὸν δικαίου λήψεται, καὶ ὃς ἂν δέξηται ἕνα τῶν μαθητῶν τούτων τῶν μικρῶν ∧ τὸν μισθὸν οὐκ ἀπολέσει. *Strom* IV vi 36 (579).
Ὁ δεχόμενος δίκαιον ἢ προφήτην εἰς ὄνομα δικαίου ἢ προφήτου τὸν ἐκείνων μισθὸν λήψεται, ὁ δὲ μαθητὴν ποτίσας εἰς ὄνομα μαθητοῦ ποτήριον ψυχροῦ ὕδατος τὸν μισθὸν οὐκ ἀπολέσει. *QDS* § 31 (953).

xi 3–6 See on Lc vii 20, 22 f.

11 =Lc vii 28 Κατὰ τὰ αὐτὰ καὶ τοῦ μεγίστου ἐν γεννητοῖς γυναικῶν Ἰωάννου τὸν ἐλάχιστον ἐν τῇ βασιλείᾳ τῶν οὐρανῶν, τουτέστι τὸν ἑαυτοῦ μαθητήν, εἶναι μείζω λέγει. *QDS* § 31 (953).

12 Οὐδὲ τῶν καθευδόντων καὶ βλακευόντων ἐστὶν ἡ βασιλεία τοῦ θεοῦ, ἀλλ' οἱ βιασταὶ ἁρπάζουσιν αὐτήν. *QDS* § 21 (947).
Βιαστῶν ἐστὶν ἡ βασιλεία τοῦ θεοῦ. *Strom* IV ii 5 (565).
Οἱ γὰρ ἁρπάζοντες τὴν βασιλείαν βιασταί. *Strom* V iii 16 (654).
...ὅτι μάλιστα βιαστῶν ἐστὶν ἡ βασιλεία. *Strom* VI xvii 149 (818).
[*Paed* III vii 39 (277).]

13 =Lc xvi 16 Οὗτος μὲν οὖν ὁ τύπος νόμου καὶ προφητῶν ὁ μέχρις Ἰωάννου. *Strom* V viii 55 (679).

15 et saepe. Ὁ ἔχων ὦτα ἀκούειν ἀκουέτω. *Strom* II v 24 (442); v i 2 (644); v xiv 115 (718); vi xv 115 (798).
[*Strom* VI xv 127 (804); VII xiv 88 (886).]

16 f. =Lc vii 32 Αὖθίς τε παιδίοις ὁμοιοῖ τὴν βασιλείαν τῶν οὐρανῶν ἐν ∧ ἀγοραῖς καθημένοις καὶ λέγουσιν· Ηὐλήσαμεν ὑμῖν καὶ οὐκ ὠρχήσασθε· ἐθρηνήσαμεν ∧ καὶ οὐκ ἐκόψασθε. *Paed* I v 13 (105).

1 εὑρὼν L (et J. B. Mayor *ex coniectura*) ἰρῶν *v* edd

TISCH. x v. 40 υμασ ante δεχ. Clem⁹⁵²   v. 42, l. 4 ρο]+Clem⁹⁵³   ad fin αυτου]+Clem⁵⁷⁹, ⁹⁵³
τον μισθον ουκ απολεσει   XI v. 12, l. 1 Just^{tr 51}]+Clem⁵⁶⁵ lib 818 lib   v. 16, l. 11 *dicentes*]
+Clem^{lib} καθημενοισ και λεγουσιν

x 39 σώσει Mc viii 35, Lc ix 24.
41 δέξηται ἕνα] No doubt δέξηται is a mere error for ποτίσῃ: it may have arisen in the transmission of Clement's text through repetition from the preceding lines.
xi 12 In (947) the article before βιασταί may be due to the context, but it is worthy of notice that D inserts it.
With (565) and (818) cp. Macarius *Apophthegmata* ed. Pritius p. 231 γέγραπται γάρ· βιαστῶν ἐστὶ βασιλεία τῶν οὐρανῶν (quoted by Resch *Ausserc Parallelt* on Lc xvi 16^b).
16 f. ὁμοιοῖ τὴν βασιλείαν τῶν οὐρανῶν is a strange slip of memory.

xi 18 f. Cp. Lc vii 33 f. Ἀλλὰ καὶ ὁ κύριος περὶ ἑαυτοῦ λέγων, Ἦλθεν ∧, φησίν, Ἰωάννης μήτε ἐσθίων μήτε πίνων, καὶ λέγουσι· Δαιμόνιον ἔχει. ἦλθεν ὁ υἱὸς τοῦ ἀνθρώπου ἐσθίων καὶ πίνων, καὶ λέγουσιν· Ἰδοὺ ἄνθρωπος φάγος καὶ οἰνοπότης, φίλος τελωνῶν καὶ ἁμαρτωλός. *Strom* III vi 52 (535).

19 Cp. Lc vii 34 Ἦλθεν γὰρ, φησίν, ὁ υἱὸς τοῦ ἀνθρώπου ∧, καὶ λέγουσιν· Ἰδοὺ ἄνθρωπος φάγος καὶ οἰνοπότης, τελωνῶν φίλος. *Paed* II ii 32 (186).

24 See on x 15.

25 f. See on Lc x 21.

27 = Lc x 22 Πάντα γὰρ παρέδωκεν ὁ θεός, καὶ πάντα ὑπέταξεν Χριστῷ τῷ βασιλεῖ ἡμῶν. *Strom* I xxiv 159 (417).

Θεὸν οὐδεὶς ἔγνω, εἰ μὴ ὁ υἱὸς καὶ ᾧ ἂν ∧ ὁ υἱὸς ἀποκαλύψῃ. *Protr* i 10 (10); *Paed* I v 20 (109).

...καὶ πρῶτος οὗτος τὴν ἐξ οὐρανῶν ἀγαθὴν κατήγγειλεν δικαιοσύνην, Οὐδεὶς ἔγνω τὸν υἱὸν εἰ μὴ ὁ πατήρ, λέγων, οὐδὲ τὸν πατέρα ∧ εἰ μὴ ὁ υἱός. *Paed* I ix 88 (150).

Οὗτός ἐστιν...ὁ τῶν ὅλων τὸν πατέρα ἐκκαλύπτων ᾧ ἂν βούληται...· οὐδεὶς γὰρ ἔγνω τὸν υἱὸν εἰ μὴ ὁ πατήρ, οὐδὲ τὸν πατέρα ∧ εἰ μὴ ὁ υἱὸς καὶ ᾧ ἂν ∧ ὁ υἱὸς ἀποκαλύψῃ. *Strom* I xxviii 178 (425).

Πιστὸς δὲ ὁ τὰ οἰκεῖα καταγγέλλων, ἐπεί, Μηδείς, φησὶν ὁ κύριος, τὸν πατέρα ἔγνω εἰ μὴ ὁ υἱὸς καὶ ᾧ ἂν ∧ ὁ υἱὸς ἀποκαλύψῃ. *Strom* V xiii 84 (697).

...ὃν οὐδεὶς ἔγνω εἰ μὴ ὁ υἱὸς καὶ ᾧ ἐὰν ∧ ὁ υἱὸς ἀποκαλύψῃ. *Strom* VII x 58 (866).

Οὐδεὶς γὰρ, φησί, γινώσκει τὸν πατέρα εἰ μὴ ὁ υἱὸς καὶ ᾧ ἂν ∧ ὁ υἱὸς ἀποκαλύψῃ. *Strom* VII xviii 109 (901).

...ὃν οὐδεὶς ἐπιγινώσκει εἰ μὴ ὁ υἱὸς καὶ ᾧ ἂν ∧ ὁ υἱὸς ἀποκαλύψῃ. *QDS* § 8 (939).

Καὶ τοῦτο ἦν τό¹· Οὐδεὶς ἔγνω τὸν πατέρα πάντα αὐτὸν ὄντα πρὶν ἐλθεῖν τὸν υἱόν. *Paed* I viii 74 (142).

1 τὸ supra versum pr. m. M

TISCH. XI v. 19, l. 1 Clem⁶³⁵]+non¹²⁶   v. 27, l. 3 Iust¹ʳ ¹⁰⁰]+Clem⁹⁰¹   l. 5 Clem^(marc)] Clem^(septiens)   l. 8 Clem^(marc)] Clem^(sexies)   l. 11 Clem^(marc)] Clem^(septies) (sed Clem⁶³⁵ βούληται agnoscit)

xi 19 There seems to be no other evidence for the nom. ἁμαρτωλός.

27 A large number of patristic quotations of this verse are given by Resch *Ausserc. Parallelt* on Lc x 22. It should be noticed that Clement does not invert the two clauses, though he quotes the second without the first and consequently alters the οὐδὲ...τις to φόδεὶς (μηδείς). The patristic attestation of ἔγνω is very varied; Clement was however acquainted with the ordinary readings, ἐπιγινώσκει (so Mt) and γινώσκει (so Lc). In omitting τις ἐπιγινώσκει (ἔγνω) in the second clause he agrees with Justin Martyr (three times), Irenæus (three times), Marcosii ap Iren (once), Epiphanius (three times) as quoted by Resch *l.c.* Although he regularly has ἀποκαλύψῃ and omits βούληται (so many Fathers), yet he shows a knowledge of the ordinary reading in (425), but this may be an allusion to his text of Lc not of Mt. Either Clement and other Fathers were curiously consistent in their misquotation of this verse, or else there was a type of text fairly widely current from the second to the fourth century which is not represented in the MSS and versions now extant. In Mt *ab* vg and in Lc *ab* have *nouit*, which might have given rise to ἔγνω. Μηδείς (697) is also found in Eus *Eclog proph* I 12 (Migne xxii 1065) and *de eccles theol* I 12 (Migne xxiv 848) as quoted by Resch.

QUOTATIONS FROM ST MATTHEW.

xi 28 Καὶ πάλιν λέγει· Δεῦτε πρός με πάντες[1] οἱ κοπιῶντες καὶ πεφορτισμένοι, κἀγὼ ἀναπαύσω ὑμᾶς. *Paed* I x 91 (152).

28 ff. Δεῦτε πρός με πάντες οἱ κοπιῶντες καὶ πεφορτισμένοι, κἀγὼ ἀναπαύσω ὑμᾶς. ἄρατε τὸν ζυγόν μου ἐφ' ὑμᾶς καὶ μάθετε ἀπ' ἐμοῦ, ὅτι πραΰς εἰμι καὶ ταπεινὸς τῇ καρδίᾳ, καὶ εὑρήσετε ἀνάπαυσιν ταῖς ψυχαῖς ὑμῶν· ὁ γὰρ ζυγός μου χρηστὸς καὶ τὸ φορτίον μου ἐλαφρόν ἐστιν. *Protr* xii 120 (93).

29 f. Διὰ τοῦτο ὁ κύριος, Ἄρατε τὸν ζυγόν μου, φησίν, ὅτι χρηστός ἐστι καὶ ἀβαρής. *Strom* v v 30 (663).

Ἄρατε [φησίν] ἀφ' ὑμῶν[2] τὸν βαρὺν ζυγὸν καὶ λάβετε τὸν πρᾷον, ἡ γραφή φησι. *Strom* II v 22 (440).

[*Protr* i 3 (4); *Strom* II xx 126 (495).]

xii 7 See on ix 13.

8 = Mc ii 28 = Lc vi 5...ὡς ἂν κύριοι τοῦ σαββάτου... *Strom* III iv 30 (525).

Δοθείσης γὰρ ἐξουσίας τῷ κυρίῳ τοῦ σαββάτου... *Strom* III v 40 (529).

...εὐεργεσίαν δὲ ἀγάπη ἐπαγγέλλεται ἡ κυριεύουσα τοῦ σαββάτου κατ' ἐπανάβασιν γνωστικήν. *Strom* IV vi 29 (576).

29 = Mc iii 27 Τοῦτο τὸ σαρκίον ἀντίδικον ὁ σωτὴρ εἶπεν...καὶ δῆσαι παραινεῖ καὶ ἁρπάσαι ὡς ἰσχυροῦ τὰ σκεύη...ὁ σωτήρ. *Exc ex Theod* § 52 (981).

35 See on Lc vi 45.

36 f. Ἡ[3] καὶ περὶ τούτου γέγραπται· Ὃς ἂν λαλήσῃ λόγον ἀργόν, ἀποδώσει ͺ λόγον κυρίῳ ἐν ἡμέρᾳ κρίσεως. αὖθίς τε, Ἐκ ͺ τοῦ λόγου σου δικαιωθήσῃ, φησίν[4], καὶ ἐκ τοῦ λόγου σου καταδικασθήσῃ. *Paed* II vi 50 (198).

39 = xvi 4 Πάλιν τε αὖ ὁ σωτὴρ τοὺς Ἰουδαίους γενεὰν εἰπὼν πονηρὰν καὶ μοιχαλίδα διδάσκει, κτέ. *Strom* III xii 90 (552).

44 f. = Lc xi 24 ff. Ἐπάνεισι γὰρ εἰς τὸν κεκαθαρμένον οἶκον καὶ κενόν, ἐὰν μηδὲν τῶν σωτηρίων ἐμβληθῇ, τὸ προενοικήσαν ἀκάθαρτον πνεῦμα συμπαραλαμβάνον ἄλλα ἑπτὰ ἀκάθαρτα πνεύματα. *Ecl Proph* § 12 (992).

50 = Mc iii 35 = Lc viii 21 Ἀδελφοί μου γάρ, φησὶν ὁ κύριος, καὶ συγκληρονόμοι οἱ ποιοῦντες τὸ θέλημα τοῦ πατρός μου. *Ecl Proph* § 20 (994).

[*QDS* § 9 (940); *Ecl Proph* § 33 (998).]

xiii 3 ff. = Mc iv 3 ff. = Lc viii 5 ff. [*Strom* I vii 37 (337, 338).]

4 ff. ///...ἐπιτηρῶν...τὴν τρίοδον, τὴν πέτραν, τὴν πατουμένην ὁδόν, τὴν καρποφόρον γῆν[5], τὴν ὑλομανοῦσαν χώραν, τὴν εὔφορον καὶ καλὴν καὶ γεωργουμένην, τὴν πολυπλασιάσαι τὸν σπόρον δυναμένην. *Strom* I i 9 (320).

...καὶ μὴν ταύτας ἐν τῇ παραβολῇ τοῦ τετραμεροῦς σπόρου ᾐνίξατο τὰς μερίμνας, τὸ σπέρμα τοῦ λόγου φήσας τὸ εἰς ἀκάνθας καὶ φραγμοὺς πεσὸν συμπνιγῆναι ὑπ' αὐτῶν καὶ μὴ καρποφορῆσαι δυνηθῆναι. *Strom* IV vi 31 (577).

[*QDS* § 11 (941).]

---

1 πάντες πρός με F (hiat P)   2 ὑμῶν habet L, non ἡμῶν   3 ἢ P (sed acc. et spir. in rasura) ἢ F   4 φησί F   5 τὴν καρποφόρον γῆν post χώραν ponendum esse monet J. B. Mayor

TISCH. XII v. 8, l. 2 aeth]+Clem^525. 529. 576   v. 35, ll. 5, 6] *dele* Clem^944
v. 36, l. 5 V]+Clem^198

xii 50 Quoted in almost exactly the same form in [Clem Rom] II ix 11 καὶ γὰρ εἶπεν ὁ κύριος· Ἀδελφοί μου οὗτοί εἰσιν οἱ ποιοῦντες τὸ θέλημα τοῦ πατρός μου. A discussion of the quotation in (994) will be found in Resch *Agrapha* pp. 207 ff.

xiii 8 = Mc iv 8 Ταύτας εκλεκτάς ούσας τάς τρεις μονάς οι εν τω ευαγγελίω αριθμοί αίνίσσονται, ο τριάκοντα και <ο>¹ εξήκοντα και ο εκατόν. *Strom* VI xiv 114 (797).

11 'Επισφραγίζεται ταύτα ο σωτήρ ημών αυτός ωδέ πως λέγων· 'Ύμιν δέδοται γνώναι το μυστήριον της βασιλείας των ουρανών. *Strom* V xii 80 (694).

13 Διά τούτο, φησίν ο κύριος, εν παραβολαίς αυτοίς λαλώ, ότι βλέποντες ου βλέπουσι και ακούοντες ουκ ακούουσι και ου συνιάσι². *Strom* I i 2 (317).

16 f. = Lc x 23 f. 'Υμείς μακάριοι οι ορώντες και ακούοντες α μήτε δίκαιοι μήτε προφήται, εάν ποιήτε α λέγω. *QDS* § 29 (952).

22 See on Mc iv 19.

25 Ληστής δε και κλέπτης ο διάβολος λέγεται ψευδοπροφήτας εγκαταμίξας τοις προφήταις, καθάπερ τω πυρώ τα ζιζάνια. *Strom* I xvii 84 (368).

"Αλλοι τινές, ους και 'Αντιτάκτας καλούμεν, λέγουσιν ότι ο μεν θεός κτέ....εις δέ τις των υπ' αυτού γεγονότων επέσπειρεν τα ζιζάνια την των κακών φύσιν γεννήσας. *Strom* III iv 34 (526).

Ωσπερ δε εν τη βαρβάρω φιλοσοφία, ούτως και εν τη Ελληνική επεσπάρη τα ζιζάνια προς του των ζιζανίων οικείου γεωργού. όθεν αι τε αιρέσεις παρ' ημίν συνανεφύησαν τω γονίμω πυρώ. *Strom* VI viii 67 (774).

...έπειτα δε επισπαρήσεσθαι τας αιρέσεις τη αληθεία καθάπερ τω πυρώ τα ζιζάνια προς του κυρίου προφητικώς είρητο. *Strom* VII xv 89 (887).

Τούτο ζιζάνιον ονομάζεται συμφυές τη ψυχή τω χρηστώ σπέρματι. *Exc ex Theod* § 53 (982).

31 = Mc iv 31 = Lc xiii 19 Διόπερ παγκάλως αυτός αυτόν εξηγούμενος κόκκω νάπυος είκασεν. *Paed* I xi 96 (155).

31, 33 [*Exc ex Theod* § 1 (967).]

32 /// Εις τοσαύτην δε αύξην η φυή του λόγου προήλθεν, ως το εξ αυτού φύον³ δένδρον, τούτο δ' αν είη η πανταχού γης ιδρυμένη του Χριστού εκκλησία, τα πάντα πληρώσαι, ώστε εν τοις κλάδοις αυτής κατασκηνώσαι τα πετεινά του ουρανού, αγγέλους δηλαδή θείους και μετεωροπόρους⁴ ψυχάς. *Clem apud Cat Nic in Matth* p. 482; Zahn *Forsch* iii 50 (1014).

[*Strom* V i 3 (644).]

33 Cp. Lc xiii 20 f. Φησί γάρ· 'Ομοία εστίν η βασιλεία των ουρανών ζύμη, ην λαβούσα γυνή ενέκρυψεν εις αλεύρου σάτα τρία έως ου εζυμώθη όλον. *Strom* V xii 80 (694).

34 = Mc iv 33 f. Λέγουσι γούν οι απόστολοι περί του κυρίου ότι πάντα εν παραβολαίς ελάλησεν και ουδέν άνευ παραβολή ελάλει αυτοίς. *Strom* VI xv 125 (803).

1 <ὁ> ex Mt additum 2 συνιάσι L 3 φύον Klotz, φυὸν Corderius, Ittig, Potter, φυὲν Dind. 4 μετεωροπόρους Zahn, μετεωπόρους Corderius, Ittig, μετεώρους Potter, Dind.

TISCH. XIII v. 8, l. 2 Item v. 34] Item v. 25 v. 25, l. 8 ζιζανια]+et[887 alludens]

xiii 11 τὸ μυστήριον. An important reading: τῶν οὐρανῶν shows that Clement is quoting Mt, in which gospel the sing. τὸ μυστ. is read by $a\,c\,d\,f\,ff^2\,g^1\,k\,l\,q$ syr.vt-vg Ir[int 266]
13 It is to be noticed that Clement did not follow the Western reading (D it[pler] syr.vt Ir[int] etc.) which assimilated this verse to the parallels in Mc and Lc.
25 The triple evidence (526, 774, 887) renders it certain that Clement read ἐπέσπειρεν in this verse. This is an important coincidence in reading with B supported by (א*) א[b] 1, 13 and most Latin authorities (not $e\,k\,q$). I can find no trace of a reading πυροῦ which is suggested by (368, 774, 887).

QUOTATIONS FROM ST MATTHEW. 19

xiii 43 [*Ecl Proph* § 56 (1003).]
   46 [*Paed* II xii 118 (241); *Strom* I i 16 (325).]
   47 f. Σιωπῶ τανῦν τὴν ἐν τῷ εὐαγγελίῳ παραβολὴν λέγουσαν· 'Ομοία ἐστὶν ἡ βασιλεία τῶν οὐρανῶν ἀνθρώπῳ σαγήνην εἰς θάλασσαν βεβληκότι κἀκ τοῦ πλήθους τῶν ἑαλωκότων ἰχθύων τὴν ἐκλογὴν τῶν ἀμεινόνων ποιουμένῳ. *Strom* VI xi 95 (787).
   v 17 ff. /// See on Jn vi 9 ff.

cv 2, 9 = Mc vii 5, 8 ...παραδόσει δὲ τῇ τῶν πρεσβυτέρων καὶ ἐντάλμασιν ἀνθρώπων κατηκολουθηκότας. *Strom* III xii 90 (552).

   8 = Mc vii 6 ...καὶ τὸν λαὸν ἐλέγχων ἐκεῖνον, δι' ὃν εἴρηται[1]· ∧ 'Ο λαὸς οὗτος ∧ τοῖς χείλεσι φιλοῦσί με, ἡ δὲ καρδία αὐτῶν πορρωτέρω ἐστὶν ἀπ' ἐμοῦ. *Paed* II viii 62 (206).

   Διό, Μηδὲ ἐπιθυμήσῃς, λέγει, καὶ, ∧ 'Ο λαὸς οὗτος ∧ τοῖς χείλεσί με τιμᾷ, φησὶν, ἡ δὲ καρδία αὐτῶν πόρρω ἐστὶν ἀπ' ἐμοῦ. *Strom* II xiv 61 (461).

   'Ο γὰρ λαὸς ὁ ἕτερος τοῖς χείλεσι τιμᾷ, ἡ δὲ καρδία αὐτοῦ πόρρω ἄπεστιν ἀπὸ κυρίου. *Strom* IV vi 32 (577).

   'Ο μὲν γὰρ τοῖς χείλεσιν ἀγαπῶν λαὸς, τὴν δὲ καρδίαν μακρὰν ἔχων ἀπὸ τοῦ κυρίου ἄλλος ἐστὶν, ἄλλῳ πεπεισμένος... *Strom* IV vii 43 (583).

   "Εστι γὰρ καὶ ὁ λαὸς ὁ τοῖς χείλεσιν ἀγαπῶν... *Strom* IV xviii 112 (614).

   8 f. = Mc vii 6 f. Νουθετεῖ δὲ καὶ διὰ 'Ησαίου κηδόμενος τοῦ λαοῦ, ὁπηνίκα λέγει· ∧ 'Ο λαὸς οὗτος ∧ τοῖς χείλεσιν αὐτῶν τιμῶσί με, ἡ δὲ καρδία αὐτῶν πόρρω ἐστὶν ἀπ' ἐμοῦ,...μάτην δὲ σέβονταί με διδάσκοντες διδασκαλίας ἐντάλματα ἀνθρώπων. *Paed* I ix 76 (143).

   11, 18 Cp. Mc vii 15, 20 Οὐδὲ τὰ εἰσιόντα ∧ κοινοῖ τὸν ἄνθρωπον, ἀλλὰ τὰ ἐξιόντα, φησὶ, ∧ τοῦ στόματος. *Paed* II i 8 (169).

   Οὐ γὰρ τὰ εἰσερχόμενα εἰς τὸ στόμα κοινοῖ τὸν ἄνθρωπον, ἀλλὰ ἡ περὶ τῆς ἀκρασίας[2] διάληψις κενή. *Paed* II i 16 (175).

   ...κἀκεῖνο ἐπιστάμενος ὅτι· Οὐ τὰ εἰσερχόμενα εἰς τὸ στόμα κοινοῖ τὸν ἄνθρωπον, ἀλλὰ κτέ. *Strom* II xi 50 (455) (continued v. 18 f.).

   Τὰ γὰρ ἐξιόντα, φησὶν, ἐκ τοῦ στόματος ∧ κοινοῖ τὸν ἄνθρωπον. *Paed* II vi 49 (198).

1 δι' ὃν εἴρηται in marg. sec. man. super rasuram P   2 ἀκαθαρσίας coni. Potter

TISCH. xv v. 8, l. 2 Clem[461]] Clem[143. 206. 461] (sed utrum e Mt an Mc dubium)   l. 12 et[2. cor]]+ Clem[677]   *dele* Clem εστιν   l. 13 D]+Clem[143. 206. 461]

xiii 47 f. With τῶν ἀμεινόνων cp. *meliora* of d (D has καλλιστα).
   xv 8 In (206) δι' ὃν εἴρηται is written in the margin of P in a late hand over first hand writing erased. This late hand is that of the scribe who wrote tracts of Hesychius and Maximus in the margin: he often erased scholia to make room for his own work, and sometimes rewrote them in another place. In the present case, he probably noticed that he had erased something of importance, and recopied it at once. The scribe of M, therefore, found these words added in the margin by the first hand, and so put them in his text. [δι' ὃν εἴρηται schrieb Arethas an den Rand, Meletius radierte es heraus und schrieb es neu hin. O. Stählin.]
   Clement's readings show a closer relation to Mc's text: see on Mc vii 6.

2—2

xv 14 =Lc vi 39 Ὁδηγὸς δὲ ἄριστος οὐχὶ ὁ¹ τυφλὸς, καθά φησιν ἡ γραφή, τυφλοὺς εἰς τὰ βάραθρα χειραγωγῶν, ὀξὺ δὲ ὁ βλέπων καὶ διορῶν τὰ ἐγκάρδια λόγοι. *Paed* i iii 9 (103).
...τοῦ προτέρου εἰς βόθρον ἐμπεσόντος... *Paed* iii viii 43 (279).
17 =Mc vii 19 [*Paed* ii i 4 (165).]
18 f. Cp. Mc vii 20 f. (continued from v. 11) ...ἀλλὰ τὰ ἐξερχόμενα διὰ τοῦ στόματος ∧ ἐκεῖνα κοινοῖ τὸν ἄνθρωπον· ἐκ γὰρ τῆς καρδίας ἐξέρχονται διαλογισμοί. *Strom* ii xi 50 (455).
xvi 4 See on Mt xii 39.
17 ...ὀλίγοι δὲ υἱὸν ἐγίνωσκον² τοῦ θεοῦ, καθάπερ ὁ Πέτρος, ὃν καὶ ἐμακάρισεν ὅτι αὐτῷ σὰρξ καὶ αἷμα οὐκ ἀπεκάλυψε τὴν ἀλήθειαν, ἀλλ᾽ ἦ ὁ πατὴρ αὐτοῦ ὁ ἐν τοῖς οὐρανοῖς. *Strom* vi xv 132 (807).
26 Cp. Mc viii 36 f.; Lc ix 25 Τί γὰρ ὠφελεῖται ἄνθρωπος ἐὰν τὸν κόσμον ὅλον κερδήσῃ, τὴν δὲ ψυχὴν αὐτοῦ ζημιωθῇ; ἢ τί δώσει ἄνθρωπος ἀντάλλαγμα τῆς ψυχῆς αὐτοῦ; *Strom* iv vi 34 (578, 579).
Τί γὰρ ὄφελος ἐὰν τὸν κόσμον ∧ κερδήσῃς, φησί, τὴν δὲ ψυχὴν ἀπολέσῃς; *Strom* vi xiv 112 (796).
28 See on Lc ix 27.
xvii 1 ff. =Mc ix 2 ff.=Lc ix 28 ff. [*Strom* vi xvi 140 (812); *Exc ex Theod* §§ 4, 5 (967).]
2 Οὗ τὰ μὲν ἱμάτια ὡς φῶς ἔλαμψεν, τὸ πρόσωπον δὲ ὡς ὁ ἥλιος. *Exc ex Theod* § 12 (971).
5 See on Mc ix 7 [*Protr* x 92 (75)].
9 Cp. Mc ix 9 Διὸ καὶ λέγει αὐτοῖς ὁ σωτήρ· Μηδενὶ εἴπητε ὃ εἴδετε³. *Exc ex Theod* § 5 (968).
20 Αὐτίκα φησίν· Ἐὰν ἔχητε πίστιν ὡς κόκκον σινάπεως, μεταστήσετε τὸ ὄρος. *Strom* ii xi 49 (454).
[*Strom* v i 2 (644).]
27 [*Paed* ii i 14 (172); *QDS* § 21 (947).]
xviii 2, 4 ...γενομένης ζητήσεως ἐν τοῖς ἀποστόλοις ὅστις αὐτῶν εἴη μείζων, ἔστησεν ὁ Ἰησοῦς ἐν μέσῳ παιδίον εἰπών· Ὃς ἐὰν αὐτὸν⁴ ταπεινώσῃ ὡς τὸ παιδίον τοῦτο, οὗτος ∧ μείζων ἐστὶν ἐν τῇ βασιλείᾳ τῶν οὐρανῶν. *Paed* i v 16 (107).
3 Ἢν γὰρ μὴ αὖθις ὡς τὰ παιδία γένησθε καὶ ἀναγεννηθῆτε, ὥς φησιν ἡ γραφή, τὸν ὄντως ὄντα πατέρα οὐ μὴ ἀπολάβητε, οὐδ᾽ οὐ μὴ εἰσελεύσησθέ ποτε εἰς τὴν βασιλείαν τῶν οὐρανῶν. *Protr* ix 82 (69).

1 ὁ M : om F (hiat P)   2 ἐγίγνωσκον L   3 ἴδετε L   4 ἑαυτὸν F (hiat P)

TISCH. XV v. 11, 1. 8 Clem[bis]] Clem[455]   Clem[169]] Clem[109, 198]   v. 18, l. 2 cop]+Clem[455]
XVI v. 26, l. 5 ζημ.]+Clem[796] τι γαρ οφελοσ εαν   XVII v. 2, l. 5 Clem[961]] Clem[971]

xv 14 In Mt D 1 have βοθρον.
18 It is worthy of remark that the words ἐκ τῆς καρδίας ἐξέρχεται omitted after στόματος in (455) form a complete line in D, and that the copula before ἐκεῖνα is omitted in that MS as well as in c *ff*¹ cop and a few minuscules.
xvi 26 [Clem Rom] ii vi 2 τί γὰρ τὸ ὄφελος ἐὰν κτέ. Petr Alexandr *Can* 12 (Routh² iv 40 6) τὴν δὲ ψυχὴν αὐτοῦ ζημιωθῇ ἢ ἀπολέσῃ. Pseudo-Ignat *ad Rom* vi (Lightfoot *Apost Fathers* iii 271) and Justin *Ap* i 15 (Migne vi 352) τὴν δὲ ψυχὴν αὐτοῦ ἀπολέσῃ.
xvii 9 ὃ εἴδετε is a synonym for τὸ ὅραμα caused by a reminiscence of Mc ix 9 ἵνα μηδενὶ ἃ εἶδον διηγήσωνται.

QUOTATIONS FROM ST MATTHEW. 21

Τί βούλεται τὸ λεχθὲν αὐτὸς διασαφήσει ὁ κύριος λέγων· 'Ἐὰν μὴ στραφῆτε καὶ γένησθε ὡς τὰ παιδία ταῦτα, οὐ μὴ εἰσέλθητε εἰς τὴν βασιλείαν τῶν οὐρανῶν. *Paed* I v 12 (104).

...οὐδ' ἂν εἴπῃ, "Ἢν μὴ ∧ γένησθε ὡς τὰ παιδία ταῦτα, οὐκ ∧ εἰσελεύσεσθε εἰς τὴν βασιλείαν τοῦ θεοῦ, ἁμαθῶς ἐκδεκτέον. *Paed* I v 16 (107).

Τοῦτο γὰρ ἦν τὸ εἰρημένον· 'Ἐὰν μὴ στραφέντες γένησθε ὡς τὰ παιδία. *Strom* IV xxv 160 (636).

Κἂν μὴ ∧ γένησθε ὡς τὰ παιδία ταῦτα οὐκ ∧ εἰσελεύσεσθε, φησίν, εἰς τὴν βασιλείαν τῶν οὐρανῶν. *Strom* v i 13 (652).

Οὕτως οὖν ἐπιστραφέντας ἡμᾶς αὖθις ὡς τὰ παιδία γενέσθαι βούλεται, τὸν ὄντως πατέρα ἐπιγνόντας, δι' ὕδατος ἀναγεννηθέντας, ἄλλης ταύτης οὔσης ἐν τῇ κτίσει σπορᾶς. *Strom* III xii 88 (551).

[*Strom* v v 30 (663).]

xviii 6 =xxvi 24=Mc ix 42=Lc xvii 2   Οὐαὶ τῷ ἀνθρώπῳ ἐκείνῳ, φησὶν ὁ κύριος· καλὸν ἦν αὐτῷ εἰ μὴ ἐγεννήθη ἢ ἕνα τῶν ἐκλεκτῶν μου σκανδαλίσαι. κρεῖττον ἦν αὐτῷ περιτεθῆναι μύλον καὶ καταποντισθῆναι εἰς θάλασσαν ἢ ἕνα τῶν ἐκλεκτῶν μου διαστρέψαι. *Strom* III xviii 107 (561).

8 f. See on v 29 f.

10 ...∧ Μὴ καταφρονήσητε, λέγων, ἑνὸς τῶν μικρῶν τούτων· ∧ τούτων γὰρ οἱ ἄγγελοι ∧ διὰ παντὸς βλέπουσι τὸ πρόσωπον τοῦ πατρός μου τοῦ ἐν οὐρανοῖς. *QDS* § 31 (953).

"Ὅταν οὖν εἴπῃ ὁ κύριος· ∧ Μὴ καταφρονήσητε ἑνὸς τῶν μικρῶν τούτων· ἀμὴν λέγω ∧ ὑμῖν, τούτων οἱ ἄγγελοι ∧ τὸ πρόσωπον τοῦ πατρὸς ∧ διὰ παντὸς βλέπουσιν... *Exc ex Theod* § 11 (970).

Tisch. xviii v. 3, l. 4 item]+Clem[104. 107. 652] τα παιδια ταυτα (sed τα παιδια[69. 551. 636])   v. 4, l. 3 εαυτ.]αυτ.   l. 4 al]+Clem   Δ]+Clem   v. 6 ad fin]+:: cf 26,24   v. 10, l. 2 a fin et.]+Clem[953]

xviii 3 Clement's quotations of this verse are most instructive: it is clear from (104) that his text of Mt differed from Tisch. only by the addition of ταῦτα after παιδία: this addition is supported by (107) and (652). Leaving the peculiar readings in (69) and (551) aside for the moment, the alterations introduced by Clement are: ἐάν] ἦν 69, 107   κἂν 652   στραφῆτε καὶ] στραφέντες 636   om 69, 107, 652   οὐ μὴ εἰσέλθητε] οὐκ εἰσελεύσεσθε 107, 652   οὐ μὴ εἰσελεύσησθε 69   τῶν οὐρανῶν] τοῦ θεοῦ 107. These changes are typical, and show that the greatest care is necessary in dealing with isolated quotations in Clement.

The parallels between (69) and (551) are so curious as to suggest that the verse was familiar to Clement, perhaps through a well-known quotation by some previous author, in some such form as this: ἦν μὴ ἐπιστραφῆτε καὶ αὖθις ὡς τὰ παιδία γένησθε καὶ ἀναγεννηθῆτε τὸν ὄντως ὄντα πατέρα οὐ μὴ ἀπολάβητε οὐδ' οὐ μὴ κτέ. Cp. Justin *Ap* i 61 (Migne vi 420) and 1 Pe i 23 ἀναγεγεννημένοι οὐκ ἐκ σπορᾶς φθαρτῆς ἀλλὰ ἀφθάρτου.

6 Οὐαὶ τῷ ἀνθρώπῳ κτέ] These words appear to be quoted from Clem Rom I xlvi 8; they are there introduced by Μνήσθητε τῶν λόγων 'Ἰησοῦ τοῦ κυρίου ἡμῶν, εἶπεν γάρ· Οὐαὶ κτέ. The two Greek MSS of Clem Rom have in the last sentence: εἰς τὴν θάλασσαν ἢ ἕνα τῶν μικρῶν μου σκανδαλίσαι. Clem Al appears to preserve the right reading; it has the support of the Syriac version of Clem Rom, and is adopted by Lightfoot. Potter *ad loc.* suggests however that διαστρέψαι is caused by the words which follow in Clem Rom: τὸ σχίσμα ὑμῶν πολλοὺς διέστρεψεν: if so the second ἐκλεκτῶν is due to accidental repetition. Cp. note on Mt v 7 for an instance of a similar quotation from Clem Rom. It is impossible to look on this passage as affording evidence of Clement's Gospel text.

Τῶν μικρῶν δὲ κατὰ τὴν γραφὴν καὶ ἐλαχίστων τοὺς ἀγγέλους τοὺς ὁρῶντας τὸν θεόν...
Strom v xiv 91 (701).

Οἱ δὲ διὰ παντὸς τὸ πρόσωπον τοῦ πατρὸς βλέπουσιν, πρόσωπον δὲ πατρὸς ὁ υἱὸς, δι' οὗ γνωρίζεται ὁ πατήρ. Exc ex Theod § 10 (970).

Ἰδίως γὰρ ἕκαστος γνωρίζει τὸν κύριον καὶ οὐχ ὁμοίως πάντες τὸ πρόσωπον τοῦ πατρὸς ὁρῶσιν οἱ ἄγγελοι τούτων τῶν μικρῶν τῶν ἐκλεκτῶν. Exc ex Theod § 23 (975).

xviii 11 (Text Rec.)   See on Lc xix 10.
  12 f. =Lc xv 4   [Strom I xxvi 169 (421).]
  20 Τίνες δὲ οἱ δύο καὶ τρεῖς ὑπάρχουσιν ἐν ὀνόματι Χριστοῦ συναγόμενοι, παρ' οἷς μέσος ἐστὶν ὁ κύριος; Strom III x 68 (541).

Οὕτως οἱ δύο[1] καὶ οἱ τρεῖς ἐπὶ τὸ αὐτὸ συνάγονται τὸν γνωστικὸν ἄνθρωπον. Strom III x 69 (542).

  22 [Strom VII xiv 85 (884).]
xix 6 =Mc x 9   Αὐτὸς δὲ οὗτος ὁ κύριος λέγει· Ὁ ∧ ὁ θεὸς συνέζευξεν ∧ ἄνθρωπος μὴ χωριζέτω. Strom III vi 49 (533).

Τί γάρ; οὐκ ἔστι καὶ γάμῳ ἐγκρατῶς χρῆσθαι καὶ μὴ πειρᾶσθαι διαλύειν ὃ συνέζευξεν ὁ θεός; Strom III vi 46 (532).

Οὐ γὰρ ἂν ὃ συνέζευξεν ὁ θεὸς διαλύσειέν ποτε ἄνθρωπος. Strom III xii 83 (549).

   8 See on Mc x 5.
   9 See on v 32.
10—12 Τὸ δέ· Οὐ πάντες χωροῦσι τὸν λόγον τοῦτον ∧· εἰσὶ γὰρ εὐνοῦχοι οἵτινες ∧ ἐγεννήθησαν οὕτως, καὶ εἰσὶν εὐνοῦχοι οἵτινες εὐνουχίσθησαν ὑπὸ τῶν ἀνθρώπων, καὶ εἰσὶν εὐνοῦχοι οἵτινες εὐνούχισαν ἑαυτοὺς διὰ τὴν βασιλείαν τῶν οὐρανῶν. ὁ δυνάμενος χωρεῖν χωρείτω· οὐκ ἴσασιν ὅτι μετὰ τὴν τοῦ ἀποστασίου ῥῆσιν πυθομένων τινῶν ὅτι· Ἐὰν οὕτως ᾖ ἡ αἰτία ∧ τῆς γυναικὸς, οὐ συμφέρει τῷ ἀνθρώπῳ γαμῆσαι· τότε ὁ κύριος ἔφη· Οὐ πάντες χωροῦσι τὸν λόγον τοῦτον, ἀλλ' οἷς δέδοται. Strom III vi 50 (534).

...οἱ δὲ ἀπὸ Βασιλείδου[2] πυθομένων φασὶ τῶν ἀποστόλων μή ποτε ἄμεινόν ἐστι τὸ μὴ γαμεῖν, ἀποκρίνασθαι λέγουσι τὸν κύριον· Οὐ πάντες χωροῦσι τὸν λόγον τοῦτον· εἰσὶ γὰρ εὐνοῦχοι, οἱ μὲν ἐκ γενετῆς, οἱ δὲ ἐξ ἀνάγκης...οἱ δὲ ἕνεκα τῆς αἰωνίου βασιλείας εὐνουχίσαντες ἑαυτοὺς κτέ. Strom III i 1 (508, 509).

1 post δύο add. ἅμα, sed expunctum pr. man. L   2 Βασιλίδου L

TISCH. XVIII v. 20, l. 4 αυτων]+cf Clem⁵⁴¹ παρ οισ μεσοσ εστιν ο κυριοσ   XIX v. 6, l. 3 et.]
+Clem⁵³³ et ⁵³² lib ⁵⁴⁹ lib   v. 10, l. 3 al]+ : Clem⁵³⁴ om του αν. μετα

xviii 20 Prof. J. A. Robinson in the *Expositor* for December 1897 points out the coincidence in respect of παρ' οἷς with the notable reading in Codex Bezae in this verse. The importance of the support given by the curious conflate reading of g¹ is increased by the fact that the wording shows no trace of connection with d, thus pointing to a Greek source. The Sahidic version has "I am with them in their midst": but Mr F. Robinson tells me that a *slight* change—viz. the omission of a single letter would make.'with them' into 'there.' ["For there are not two or three gathered together in my name in the midst of whom I am not." Syr.sin. F. C. B.]
xix 6 οὖν is omitted before ὁ θεός in Mc by Dᵍʳ k*.
  10 ff¹ *si ita est causa cum uxore.* This appears to be the only evidence for the omission of τοῦ ἀνθρώπου (D ανδρος). I know of no evidence for the addition of τῷ ἀνθρώπῳ after συμφέρει.

QUOTATIONS FROM ST MATTHEW.

xix 11 ...ἐπεὶ ὀλίγων ἐστὶ ταῦτα χωρῆσαι. *Strom* v x 63 (684).
[*Strom* I i 13 (823).]

12 Καλὸν γὰρ διὰ τὴν βασιλείαν τῶν οὐρανῶν εὐνουχίζειν ἑαυτὸν πάσης ἐπιθυμίας. *Strom* III vii 59 (538).

...ἀλλ' οἱ μὲν εὐνουχίσαντες ἑαυτοὺς ἀπὸ πάσης ἁμαρτίας διὰ τὴν βασιλείαν τῶν οὐρανῶν, μακάριοι οὗτοί εἰσιν οἱ τοῦ κόσμου νηστεύοντες. *Strom* III xv 99 (556).

13 f. Cp. Mc x 13 f.; Lc xviii 15 f. Προσήνεγκάν τε αὐτῷ, φησί, παιδία εἰς χειροθεσίαν εὐλογίας, κωλυόντων δὲ τῶν γνωρίμων εἶπεν ὁ Ἰησοῦς· "Ἄφετε τὰ παιδία καὶ μὴ κωλύετε αὐτὰ ἐλθεῖν πρός με· τῶν γὰρ τοιούτων ἐστὶν ἡ βασιλεία τῶν οὐρανῶν. *Paed* I v 12 (104).

17 = Mc x 18 = Lc xviii 19 Οὐ μὴν ἀλλὰ καὶ ὁπηνίκα διαρρήδην λέγει· Οὐδεὶς ἀγαθός, εἰ μὴ ὁ πατήρ μου ὁ ἐν τοῖς οὐρανοῖς. *Paed* I viii 72 (141).

Ἀλλὰ καὶ οὐδεὶς ἀγαθός, εἰ μὴ ὁ πατὴρ αὐτοῦ. *Paed* I viii 74 (142).

Ἀλλὰ καὶ Οὐαλεντῖνος πρός τινας ἐπιστέλλων αὐταῖς λέξεσι γράφει περὶ τῶν προσαρτημάτων· Εἷς δέ ἐστιν ἀγαθός. And lower down, ὁ μόνος ἀγαθὸς πατήρ. Valentinus ap *Clem Strom* II xx 114 (488, 489).

...ὅτι εἷς ἀγαθὸς ὁ πατήρ. *Strom* v x 63 (684).

...ὃν μόνον ὄντα θεὸν πατέρα ἀγαθὸν χαρακτηρίζει ὁ σωτὴρ ἡμῶν καὶ θεός. *Strom* VII x 58 (866).

[*Paed* I viii 71 (140); *Strom* VII vii 41 (855); QDS § 1 (935).]

18 Οὐ φονεύσεις, Οὐ μοιχεύσεις, Οὐ κλέψεις, Οὐ ψευδομαρτυρήσεις. *Strom* II vii 32 (446).

18, 19[b] Τίνες δὲ καὶ οἱ νόμοι; Οὐ φονεύσεις, Οὐ μοιχεύσεις, Οὐ παιδοφθορήσεις, Οὐ κλέψεις, Οὐ ψευδομαρτυρήσεις, Ἀγαπήσεις κύριον τὸν θεόν σου...Ἀγαπήσεις τὸν πλησίον σου ὡς ἑαυτόν. *Protr* x 108 (85).

18 f. Ἔστιν ἡμῖν ἡ δεκάλογος ἡ διὰ Μωυσέως...προσηγορίαν σωτήριον ἁμαρτιῶν περιγράφουσα[1]. Οὐ μοιχεύσεις, Οὐκ εἰδωλολατρήσεις, Οὐ παιδοφθορήσεις, Οὐ κλέψεις, Οὐ ψευδομαρτυρήσεις, Τίμα τὸν πατέρα σου καὶ τὴν μητέρα[2]. *Paed* III xii 89 (305).

19[b] = xxii 39 = Mc xii 31, 33 Ὁ γὰρ τοιοῦτος τέλειος ὁ τό· Ἀγαπήσεις τὸν πλησίον σου ὡς σεαυτόν πληρώσας. *Paed* II xii 120 (243).

19 f. Cp. Mc x 20 Ἐλέγχει τὸν καυχώμενον ἐπὶ τῷ πάσας τὰς ἐντολὰς ἐκ νεότητος τετηρηκέναι· οὐ γὰρ πεπληρώκει τό· Ἀγαπήσεις τὸν πλησίον σου ὡς σεαυτόν. *Strom* III vi 55 (537).

[*Strom* IV vi 29 (576); *Strom* VI xviii 164 (825).]

21 Cp. Mc x 21; Lc xviii 22 Διὰ τοῦτο καί, Πώλησόν σου τὰ ὑπάρχοντα, λέγει κύριος[3], καὶ πτωχοῖς δὸς ʌ, καὶ δεῦρο ἀκολούθει μοι. *Paed* II iii 36 (189).

Εἰ θέλεις τέλειος γενέσθαι, πωλήσας τὰ ὑπάρχοντα δὸς πτωχοῖς. *Strom* III vi 55 (537).

1 περιγράφουσαι Dind.   2 μητέρα]+σου v et edd   3 ὁ κύριος F

TISCH. XIX v. 11, ll. 2, 3 Clem[534] Clem[509] et [534 bis]   v. 14 ad fin unc[10]]+Clem[104]   v. 21, l. 2 א*]+Clem[537]

xix 17 In Mt e has *unus est bonus pater*. Epiphanius *Haer* XLII p. 339[d] (Migne xli 756) accuses Marcion of adding ὁ πατήρ. The quotations given by Resch *Ausserc Parallelt* on Lc xviii 19 show how widely current similar readings were.

Πώλησόν σου τὰ ὑπάρχοντα καὶ δὸς πτωχοῖς, ∧ καὶ δεῦρο ἀκολούθει μοι. *Strom* IV vi 28 (576).
Πώλησον τὰ ὑπάρχοντά σου. *QDS* § 11 (941).
Οὗτος ὁ τὰ ἐπίγεια καταπωλήσας καὶ πτωχοῖς ἐπιδοὺς τὸν ἀνώλεθρον ἐξευρίσκει[1] θησαυρόν. *Paed* III vi 34 (274).

xix 23 Διὰ τοῦτό τοι ὁ λόγος τοὺς τελώνας λέγει δυσκόλως σωθήσεσθαι. *Strom* V v 28 (662).
24 See on Mc x 25.
25 See on Mc x 26.
26 See on Mc x 27.
29 See on Mc x 29.

xx 4 [*Strom* I i 9 (320).]
8 ff. [*Strom* IV vi 36 (579, 580).]
16 (Text. Rec.) See on xxii 14.
28 =Mc x 45 Τοιοῦτος ἡμῶν ὁ παιδαγωγὸς ἀγαθὸς ἐνδίκως, Οὐκ ἦλθον, φησί, διακονηθῆναι, ἀλλὰ διακονῆσαι. διὰ τοῦτο εἰσάγεται ἐν τῷ εὐαγγελίῳ κεκμηκὼς ὁ κάμνων ὑπὲρ ἡμῶν (cp. Jn iv 6) καὶ δοῦναι τὴν ψυχὴν τὴν ἑαυτοῦ λύτρον ἀντὶ πολλῶν ὑπισχνούμενος. *Paed* I ix 85 (148).

xxi 5 ...τὸν Χριστὸν ἀγαπήσωμεν, τὸν πῶλον ὑποζύγιον ἤγαγε σὺν τῷ παλαιῷ. *Protr* xii 121 (93).
8 See on Jn xii 13.
16 Οὐδέποτε ἀνέγνωτε ὅτι ἐκ στόματος νηπίων καὶ θηλαζόντων κατηρτίσω αἶνον; *Paed* I v 13 (105).
22 Περὶ δὲ τῆς πίστεως, Πάντα ὅσα ἐὰν αἰτήσησθε ἐν τῇ προσευχῇ πιστεύοντες λήψεσθε, φησίν. *Paed* III xii 92 (307).

xxii 9 [*Exc ex Theod* § 9 (969).]
12 [*Exc ex Theod* § 61 (984).]
13 See on viii 12.
14 =xx 16 (Text. Rec.) ...πολλοὺς μὲν τοὺς κλητούς, ὀλίγους δὲ τοὺς ἐκλεκτοὺς αἰνιττόμενος. *Strom* I xix 92 (372).
Πολλοὶ γὰρ ∧ κλητοί, ὀλίγοι δὲ ἐκλεκτοί. *Strom* V iii 17 (655).
20 f. =Mc xii 16 f. Ἐπὶ τοῦ προκομισθέντος[2] νομίσματος ὁ κύριος εἶπεν οὐ· Τίνος τὸ κτῆμα, ἀλλά· Τίνος ἡ εἰκὼν ∧ καὶ ἡ ἐπιγραφή; Καίσαρος· ἵνα οὗ ἐστίν, ἐκείνῳ δοθῇ. *Exc ex Theod* § 86 (988).
21 =Mc xii 17=Lc xx 25 ...ἵνα χωρίσῃ τὴν κενοδοξίαν καὶ τὸν στατῆρα τοῖς τελώναις δοὺς τὰ Καίσαρος ἀποδοὺς τῷ Καίσαρι φυλάξῃ[3] τὰ τοῦ θεοῦ τῷ θεῷ. *Paed* II i 14 (172).
...καὶ περὶ πολιτείας· Ἀπόδοτε ∧ τὰ Καίσαρος ∧ Καίσαρι καὶ τὰ τοῦ θεοῦ τῷ θεῷ. *Paed* III xii 91 (306).

1 ἐξευρίσκει P ἐξευρήσει F   2 προσκομισθέντος Dind.   3 φυλάξῃ F φυλάξει P

TISCH. XIX v. 21, l. 3 Clem⁵³⁷] Clem¹²⁹· ⁵³⁷· ⁵⁷⁶ cf ²⁷⁴   v. 24, l. 13 Clem⁹⁹⁶ (vide post)} Clem⁴⁴⁰
l. 24 τρυπημ.] τρηματοσ   l. 28 syrᶜᵘ]+Clem⁵³⁶   XXI v. 22, l. 2 αιτησησθαι]+Clem αιτησησθε
XXII v. 14, l. 1 et.]+Clem⁶⁵⁵   v. 20, l. 9 Clem⁶⁷⁵] Clem⁰⁶⁸   v. 21, l. 8 aeth]+Clem³⁰⁶   l. 10 videntur]+om

xxi 5 Cp. *d et pullum subiugalem* (D* και πωλον υιον υποζυγιον): so also *g*¹.

QUOTATIONS FROM ST MATTHEW. 25

...τούτῳ οὖν τὰ χοϊκὰ ἀποδοτέον...καὶ τὰ τοῦ θεοῦ τῷ θεῷ. *Ecl Proph* § 24 (995).

xxii 30 = Mc xii 25=Lc xx 35 'Αλλὰ μετὰ τὴν ἀνάστασιν, φησὶν[1], οὔτε γαμοῦσιν οὔτε γαμίζονται. *Strom* III vi 47 (533).

...ἐπὰν μήτε γαμῶσι μήτε γαμίσκωνται[2]. *Strom* VI xii 100 (790).

'Ομοίως δὲ κἀκεῖνο κομίζουσι τὸ ῥητόν· Οἱ υἱοὶ τοῦ αἰῶνος ἐκείνου, τὸ περὶ νεκρῶν ἀναστάσεως[3], οὔτε γαμοῦσιν οὔτε γαμίζονται. *Strom* III xii 87 (551).

...καθ' ἦν· Οὔτε γαμοῦσιν οὔτε γαμίσκονται ἔτι. *Strom* VI xvi 140 (811).

37 = Mc xii 30 = Lc x 27 Τίνες δὲ καὶ οἱ νόμοι; οὐ φονεύσεις κτέ...ἀγαπήσεις κύριον τὸν θεόν σου. *Protr* x 108 (85).

..ἡμῖν δέ, 'Αγαπήσεις κύριον τὸν θεόν σου, παρῄνεσεν (sc ὁ παιδαγωγός). *Paed* I vii 59 (133).

37, 39 /// Cp. xix 19 // Εἰ γάρ· 'Αγαπήσεις κύριον τὸν θεόν σου, ἔπειτα, τὸν πλησίον σου ...*Paed* II iv 43 (194).

Πῶς δὲ[4] ἔτι ἀγαπᾷς τὸν θεὸν καὶ τὸν πλησίον σου μὴ φιλοσοφῶν; *Paed* III xi 78 (299).

Εἰ δὲ καὶ εἰς βασιλείαν θεοῦ κεκλήμεθα, ἀξίως τῆς βασιλείας πολιτευώμεθα[5] θεὸν ἀγαπῶντες καὶ τὸν πλησίον. *Paed* III xi 81 (301).

...τὸν πλησίον, ὃν δεύτερον ἀγαπᾶν κελευόμεθα... *Paed* III xi 82 (302).

Ταύτῃ που, 'Αγαπήσεις κύριον τὸν θεόν σου, φησίν, ἐξ ὅλης καρδίας σου, καὶ ἀγαπήσεις τὸν πλησίον σου ὡς σεαυτόν[6]. *Strom* IV iii 10 (568).

See on Mc xii 30.

7, 39, 40 /// Δυνατὸν δὲ καὶ διὰ δυοῖν[7] ἐμπεριλαβεῖν τὰς ἐντολάς, ὥς φησιν ὁ κύριος. 'Αγαπήσεις ∧ τὸν θεόν σου ἐν ὅλῃ καρδίᾳ σου καὶ ἐν ὅλῃ τῇ ψυχῇ σου καὶ ἐν ὅλῃ τῇ ἰσχύϊ σου, καὶ τὸν πλησίον σου ὡς σεαυτόν. εἶτα ἐκ τούτων ἐπιφέρει· 'Εν τούτῳ[8] ὅλος ὁ νόμος καὶ οἱ προφῆται κρέμανται. *Paed* III xii 88 (304).

Ταύτῃ που 'Αγαπήσεις κύριον τὸν θεόν σου ἐξ ὅλης καρδίας σου καὶ τὸν πλησίον σου ὡς σεαυτόν[9]. ἐν ταύταις λέγει ταῖς ἐντολαῖς ὅλον τὸν νόμον καὶ τοὺς προφήτας κρέμασθαι[10] τε καὶ ἐξηρτῆσθαι. *Strom* II xv 71 (466).

Ταύτης ὅλης ἀπήρτηται τῆς ἀγάπης ὁ νόμος καὶ ὁ λόγος· κἂν ἀγαπήσῃς κύριον τὸν θεόν σου καὶ τὸν πλησίον σου, ἐν οὐρανοῖς ἐστὶν αὕτη ἡ ἐπουράνιος εὐωχία. *Paed* II i 6 (166).

xxiii 5 [*Strom* I x 49 (345).]

7 = Mc xii 38 etc. ...οἱ κατὰ τὰς ὁδοὺς τῶν ἀγαπητῶν ἀσπασμοί... *Paed* III xi 82 (301).

---

1 φασὶν Sylburgius, quod probat J. B. Mayor   2 γαμίσκονται L   3 τὸ π. νεκρ. ἀν.] haec uerba post τὸ ῥητόν ponenda esse putat Sylb., et recte ut mihi uidetur   4 δὲ F δαὶ P
σ
5 πολιτευώμεθα FP πολιτευόμεθα Klotz, Dind.   6 ὡσεαυτόν L   7 δυεῖν FP   8 ἐν τούτῳ in marg. habet P manu Arethae scriptum : uix dubitari potest quin haec uerba ut glossema ad ἐκ τούτων omittenda sint : itaque legendum uid. εἶτα, 'Εκ τούτων, ἐπιφέρει, ὅλος ὁ νόμος κτέ.
9 ὡς ἑαυτόν in ὡς σεαυτόν correctum pr. man. L   10 κρέμασθαι L

Tisch. xxii v. 30, l. 2 γαμίζονται]+et[551], sed fors. e Lc pendet   l. 4 157.]+Clem[790. 811] (incertum tamen a quo eu. petantur)   v. 40, l. ult. Clem[304]+et [466] lib

xxii 30 Clement perhaps read γαμίζονται in Mt or Mc, γαμίσκονται in Lc. In (551) οἱ υἱοὶ τοῦ αἰ. ἐκείνου appears to be a reminiscence of Lc; τὸ περὶ ἀν. νεκρ. of Mt.

37, 39 Owing to the great difficulty of deciding from which of the Gospels these quotations are made, I have not attempted to mark the variants or to make any additions to Tischendorf.

xxiii 8 Εἰ δὲ Εἷς διδάσκαλος ἐν οὐρανοῖς, ὥς φησιν ἡ γραφή, ὁμολογουμένως οἱ ἐπὶ γῆς εἰκότως ἂν πάντες κεκλήσονται[1] μαθηταί. *Paed* ι v 17 (108).

Εἰς γάρ ὁ διδάσκαλος καὶ τοῦ λέγοντος καὶ τοῦ ἀκροωμένου. *Strom* ι i 12 (323).

8, 9 Διὸ καί φησιν ὁ λόγος· Μὴ εἴπητε ἑαυτοῖς διδάσκαλον ἐπὶ τῆς γῆς. *Strom* II iv 14 (435).

Ὅθεν εἰκότως εἴρηται· Μὴ εἴπητε ἑαυτοῖς διδάσκαλον ἐπὶ τῆς γῆς. *Strom* VI vii 58 (769).

9 Εἷς μὲν οὖν ὁ πατὴρ ἡμῶν[2] ὁ ἐν τοῖς οὐρανοῖς·...μὴ καλέσητε οὖν ὑμῖν ἐπὶ τῆς γῆς πατέρα, φησίν. *Strom* III xii 87 (551).

Μὴ καλέσητε οὖν ἑαυτοῖς πατέρα ἐπὶ τῆς γῆς· δεσπόται γὰρ ἐπὶ τῆς γῆς, ἐν δὲ οὐρανοῖς ὁ πατήρ. *Ecl Proph* § 20 (994).

Μὴ κάλει σεαυτῷ πατέρα ἐπὶ γῆς. *QDS* § 23 (948).

12 [*QDS* § 1 (936).]

14 [*Strom* VII xvii 106 (897).]

27, 25 f. Οὐαὶ γὰρ ὑμῖν, γραμματεῖς καὶ Φαρισαῖοι ὑποκριταί, φησὶν ὁ κύριος, ὅτι ὅμοιοί ἐστε τάφοις κεκονιαμένοις· ἔξωθεν ὁ τάφος φαίνεται ὡραῖος, ἔνδον δὲ γέμει ὀστέων νεκρῶν καὶ πάσης ἀκαθαρσίας. Καὶ πάλιν τοῖς αὐτοῖς φησίν· Οὐαὶ ὑμῖν ∧, ὅτι καθαρίζετε τὸ ἔξω τοῦ ποτηρίου καὶ τῆς παροψίδος, ἔνδοθεν δὲ γέμουσιν ∧ ἀκαθαρσίας. ∧ καθάρισον πρῶτον τὸ ἔνδον τοῦ ποτηρίου, ∧ ἵνα γένηται καὶ τὸ ἔξωθεν[3] ∧ καθαρόν. *Paed* III ix 47, 48 (282).

33 Cp. iii 7 Κἂν τῷ εὐαγγελίῳ διὰ Ἰωάννου, Ὄφεις, φησίν, γεννήματα ἐχιδνῶν. *Paed* I ix 80 (145).

37 = Lc xiii 34 ...μάρτυς ἡ γραφή· Ὃν τρόπον ὄρνις συνάγει τὰ νοσσία ∧ ὑπὸ τὰς πτέρυγας αὐτῆς. *Paed* I v 14 (106).

Τοιοῦτος ὁ παιδαγωγὸς νουθετῶν ὡς κἂν τῷ εὐαγγελίῳ λέγων· Ποσάκις ἠθέλησα συναγαγεῖν τὰ τέκνα σου ὃν τρόπον ὄρνις συνάγει τὰ νοσσία αὐτῆς ὑπὸ τὰς πτέρυγας αὐτῆς, καὶ οὐκ ἠθελήσατε[4]. *Paed* I ix 76 (143).

Ἱερουσαλὴμ Ἱερουσαλήμ, ποσάκις ἠθέλησα ἐπισυναγαγεῖν τὰ τέκνα σου ὡς ὄρνις τοὺς νεοσσούς. *Strom* I v 29 (332).

1 κεκλήσωνται F*M* ut uid. (hiat P) 2 ὑμῶν J. B. Mayor: cf. ὑμῖν infra 3 ἔξω M
4 ἡ super ras. sec. man. (η ex e factum pr. man. O. Stählin) M (hiat P)

Tisch. XXIII v. 8, l. 5 κληθησονται] κεκλησονται l. 6 μαθηται)]+et 333. 435. 700 v. 9, l. 2 υμων]
ημων   l. 3 πατερα.]+cf et 435. 709 (μη ειπητε εαυτοισ)946 (μη καλει σεαυτω)904 (μη καλ. ουν εαυτοισ
πατ.)   v. 25, l. 5 plus16]+Clem282

xxiii 8, 9 The twice repeated combination of these verses in (435) and (769) is most remarkable: cp. Orig *Hom in Jerem* x § 1 (Lomm xv 23) Καὶ ὑμεῖς μὴ καλέσητε διδάσκαλον ἐπὶ τῆς γῆς· εἷς γάρ ἐστιν ὑμῶν ὁ διδάσκαλος, ὁ πατὴρ ὁ ἐν τοῖς οὐρανοῖς and Palladius *Hist Laus* c. 32 (Migne xxxiv 1091ᶜ) Μὴ καλέσητε διδάσκαλον ἐπὶ τῆς γῆς.

9 Note agreement of Clement with D and versions in reading ὑμῖν: supported in Clem by ἑαυτοῖς (3 times) and σεαυτῷ.

27, 25 f. Clement's close agreement with D should be remarked. The support given by Iren int. 250 (vol. ii, p. 202, ed. Harvey) to the important readings in v. 27 should be noticed.

33 διὰ Ἰωάννου. An easy confusion with Mt iii 7//

QUOTATIONS FROM ST MATTHEW.

iii 37— = Lc xiii 34 f. Κέχρηται τῷ εἴδει τούτῳ ἐν εὐαγγελίῳ· Ἱερουσαλὴμ Ἱερουσαλήμ, ἡ ἀποκτείνουσα τοὺς προφήτας καὶ λιθοβολοῦσα τοὺς ἀπεσταλμένους πρὸς αὐτήν...διὰ τοῦτό φησιν· Ἀφίεται ∧ ὁ οἶκος ὑμῶν ἔρημος. λέγω γὰρ ὑμῖν, ∧ ἀπάρτι οὐ μὴ ἴδητέ με, ἕως ἂν εἴπητε· Εὐλογημένος ὁ ἐρχόμενος ἐν ὀνόματι κυρίου. Paed I ix 79 (145).

xiv 13 See on x 22.

19 = Mc xiii 17=Lc xxi 23 Καὶ πάλιν· Οὐαὶ δὲ ταῖς ἐν γαστρὶ ἐχούσαις καὶ ταῖς θηλαζούσαις ἐν ἐκείναις ταῖς ἡμέραις. Strom III vi 49 (538, 584).

24 = Mc xiii 22 Ὅθεν εἴρηται τοὺς μὲν τῆς κλήσεως ἀνθρώπους κατὰ τὴν παρουσίαν τοῦ ἀντιχρίστου[1] πλανηθήσεσθαι· ἀδύνατον δὲ τοὺς ἐκλεκτούς· διὸ φησι· Καὶ εἰ δυνατὸν τοὺς ἐκλεκτούς μου. Exc ex Theod § 9 (969).

37 ff. = Lc xvii 26 f. Καὶ πάλιν· Ὥσπερ δὲ ἦν ἐν ταῖς ἡμέραις Νῶε, ἦσαν γαμοῦντες γαμίζοντες, οἰκοδομοῦντες φυτεύοντες, καὶ ὡς ἦν ἐν ταῖς ἡμέραις Λώτ, οὕτως ἔσται ἡ παρουσία τοῦ υἱοῦ τοῦ ἀνθρώπου. Strom III vi 49 (533).

42 = Mc xiii 35 [Strom IV xxii 139 (627); v xiv 106 (712).]

45 f. [Strom II vi 27 (443).]

κv 1 ff. [Strom v iii 17 (655); VII xii 72 (875); Exc ex Theod § 86 (989).]

14–30 Cp. Lc xix 12 ff. Ἤδη δὲ καταφαίνεται ἐκ περιουσίας ὁ σωτὴρ αὐτὸς κατὰ τὴν τοῦ λαμβάνοντος δύναμιν, ἢ δὴ ἐκ συνασκήσεως, αὔξειν τοῖς[2] δούλοις τὰ ὑπάρχοντα διανείμας, αὖθις ἐπανελθὼν τιθέναι λόγον μετ' αὐτῶν, ὁπηνίκα τοὺς μὲν αὐξήσαντας τὸ ἀργύριον αὐτοῦ τοὺς ἐν ὀλίγῳ πιστοὺς ἀποδεξάμενος καὶ ἐπαγγειλάμενος ἐπὶ πολλῶν καταστήσειν εἰς τὴν τοῦ κυρίου χαρὰν προσέταξεν εἰσελθεῖν, τῷ δὲ ἀποκρυψαμένῳ τὸ πιστευθὲν ἀργύριον εἰς τὸ ἐκδανεῖσαι καὶ αὐτὸ ὅπερ ἔλαβεν ἀποδιδόντι ἀργόν, Πονηρὲ δοῦλε, εἶπεν, καὶ ὀκνηρέ, ∧ ἔδει σε ∧ βαλεῖν τὸ ἀργύριόν μου τοῖς τραπεζίταις, καὶ ἐλθὼν ἐγὼ ἐκομισάμην ἂν τὸ ἐμόν ∧. ἐπὶ τούτοις ὁ ἀχρεῖος δοῦλος εἰς τὸ ἐξώτερον ἐμβληθήσεται σκότος. Strom I i 3 (317).

30 See on viii 12.

33 Καὶ τὰ ἀρνία δέ μου, ὅταν λέγῃ, στήτω ἐκ δεξιῶν, τοὺς ἀφελεῖς αἰνίττεται παῖδας. Paed I v 14 (105).

Ὁ γὰρ ἱστὰς τοὺς μὲν ἐκ δεξιῶν, τοὺς δὲ ἐξ εὐωνύμων... Paed I viii 71 (140).

Οἱ τοιοῦτοι ἐκ δεξιῶν ἵστανται τοῦ ἁγιάσματος...οἱ δὲ ἐξ εὐωνύμων ἱστάμενοι...Strom IV vi 30 (576).

1 ἀντιχρήστου L   2 ἣν δεῖ ἐκ συνασκήσεως αὔξειν, τοῖς H. Jackson

TISCH. XXIV v. 38, l. 2 a fin 33.]+Clem⁴⁸³   XXV v. 27, l. 5 etc]+Clem⁸¹⁷   l. 6 dele (Clem⁸¹⁷ το εμον)   v. 33, l. 5 ευω.]+cf et ¹⁰⁵·⁵⁷⁶

xiv 37 f. In this passage Mt and Lc are so combined that it cannot be taken as a proper quotation of either: γαμοῦντες γαμίζοντες appears to be from Mt, and Clement's agreement in the latter word with ND 33 (B γαμισκοντες) is noteworthy.

xxv 15 With κατὰ τὴν τοῦ λαμβάνοντος δύναμιν cp. perhaps D κατα την δυναμιν αυτου. d has secundum uirtutem suam while b has the conflate reading secundum propriam uirtutem.

19 ἐπανελθών. Cp. Lc xix 15.

21 τοὺς ἐν ὀλίγῳ πιστούς. Instead of the usual super pauca ff¹ has in v. 21 in minimo and in v. 23 in modico; d has in modicis in both places, though D has επ ολιγα. In Lc xix 17 ἐν ἐλαχίστῳ is rendered in minimo in a, in modico in most, if not all, other Latin versions.

28 CLEMENT OF ALEXANDRIA'S

xxv 34–46   Περὶ δὲ τῆς μεταδόσεως, Δεῦτε, εἶπε[1], πρός με πάντες οἱ εὐλογημένοι ∧, κληρονο-
          μήσατε τὴν ἡτοιμασμένην ὑμῖν βασιλείαν ἀπὸ καταβολῆς κόσμου· ἐπεί-
35   νασα γὰρ καὶ δεδώκατέ[2] μοι φαγεῖν, ∧ ἐδίψησα καὶ ἐποτίσατέ με, ξένος
36   ἤμην καὶ συνηγάγετέ με, γυμνὸς καὶ περιεβάλετέ με, ἀσθενὴς καὶ ἐπε-
          σκέψασθέ με, ἐν φυλακῇ ἤμην καὶ ἤλθετε πρός με. καὶ πότε τι τούτων τῷ
          κυρίῳ πεποιήκαμεν ἡμεῖς; αὐτὸς ἐρεῖ πάλιν ὁ παιδαγωγὸς τὴν εὔποιίαν καὶ[3] τῶν
40   ἀδελφῶν ἀγαπητικῶς εἰς ἑαυτὸν μετατρέπων καὶ λέγων· Ἐφ' ὅσον ἐποιήσατε ∧
46   τοῖς μικροῖς τούτοις, ἐμοὶ ἐποιήσατε. καὶ ἀπελεύσονται οἱ τοιοῦτοι εἰς
          ζωὴν αἰώνιον. *Paed* III xii 93 (307).

34–41 Δεῦτε, οἱ εὐλογημένοι τοῦ πατρός μου, κληρονομήσατε τὴν ἡτοιμασμένην
35   ὑμῖν βασιλείαν ἀπὸ καταβολῆς κόσμου· ἐπείνασα γὰρ καὶ ἐδώκατέ μοι
          φαγεῖν, καὶ ἐδίψησα καὶ ἐδώκατέ μοι πιεῖν, καὶ ξένος ἤμην καὶ συνη-
36   γάγετέ με, γυμνὸς ἤμην καὶ ἐνεδύσατέ με, ἠσθένησα καὶ ἐπεσκέψασθέ
37   με, ἐν φυλακῇ ἤμην καὶ ἤλθετε πρός με. τότε ἀποκριθήσονται αὐτῷ οἱ
          δίκαιοι λέγοντες· Κύριε, πότε σε εἴδομεν πεινῶντα καὶ ἐθρέψαμεν, ἢ
38   διψῶντα καὶ ἐποτίσαμεν; πότε δὲ εἴδομέν σε ξένον καὶ συνηγάγομεν, ἢ
39   γυμνὸν καὶ περιεβάλομεν; ἢ πότε σε εἴδομεν ἀσθενοῦντα καὶ ἐπεσκεψά-
40   μεθα, ἢ ἐν φυλακῇ καὶ ἤλθομεν πρός σε; ∧ ἀποκριθεὶς ὁ βασιλεὺς ἐρεῖ
          αὐτοῖς· Ἀμὴν λέγω ὑμῖν, ἐφ' ὅσον ἐποιήσατε ἑνὶ τούτων τῶν ἀδελφῶν
41   μου τῶν ἐλαχίστων, ἐμοὶ ἐποιήσατε. πάλιν ἐκ τῶν ἐναντίων τοὺς ταῦτα μὴ
          παρασχόντας αὐτοῖς εἰς τὸ πῦρ ἐμβάλλει τὸ αἰώνιον, ὡς αὐτῷ μὴ παρεσχηκότας.
          QDS § 30 (952).

35, 40 ...καθάπερ ἐν τῷ εὐαγγελίῳ φιλανθρώπως λέγων· Ἐπείνασα ∧ καὶ ἐδώκατέ μοι
          φαγεῖν, ∧ ἐδίψησα καὶ ἐδώκατέ μοι πιεῖν· ὃ γὰρ ἑνὶ τούτων ∧ τῶν ἐλα-
          χίστων πεποιήκατε, ἐμοὶ πεποιήκατε. *Strom* II xvi 73 (467).

35 f. 40 Τί δ' ὅταν ὁ κύριος φῇ· Ἐπείνασα καὶ ἐχορτάσατέ με, ∧ ἐδίψησα καὶ ἐποτίσατέ
          με, ξένος ἤμην καὶ συνηγάγετέ με, γυμνὸς καὶ περιεβάλετέ με. εἶτα
          ἐπιφέρει· Ἐφ' ὅσον ἐποιήσατε ἑνὶ τούτων ∧ τῶν ἐλαχίστων, ἐμοὶ ἐποι-
          ήσατε. *Strom* III vi 54 (536).

40 ...καὶ τό· Ἐφ' ὅσον δὲ [φησὶν][4] ἑνὶ τούτων ἐποιήσατε ∧ τῶν ἐλαχίστων, ἐμοὶ
          ἐποιήσατε. *Paed* III v 30 (271).
          [*Strom* VII iii 21 (840).]

41–45 Πῶς ἄν τις πεινῶντα τρέφοι καὶ διψῶντα ποτίζοι καὶ γυμνὸν σκεπάζοι καὶ ἀστεγον συνάγοι,
          ἃ τοῖς μὴ ποιήσασιν ἀπειλεῖ πῦρ καὶ σκότος τὸ ἐξώτερον, εἰ πάντων αὐτὸς ἕκαστος
          φθάνοι τούτων ὑστερῶν; *QDS* § 13 (942).
          Ζωὴν δωρεῖται αἰώνιον, ὑμεῖς δὲ τὴν κόλασιν ἀναμένετε καὶ τὸ πῦρ δὲ[5] προσκοπεῖτε, ὃ
          ἡτοίμασεν ὁ κύριος τῷ διαβόλῳ καὶ τοῖς ἀγγέλοις αὐτοῦ; *Protr* ix 83 (69).

xxvi 17 = Lc xxii 9 ...ἐν ᾗ (so τῇ ιγ' ἡμέρᾳ) καὶ πυνθάνονται αὐτοῦ· Ποῦ θέλεις ἑτοιμάσωμέν
          σοι τὸ πάσχα φαγεῖν; *Fragm libri περὶ τοῦ πάσχα seruatum ap Chron pasch*
          ed. Paris. p. 7 (ed. Bonn. p. 16), Zahn *Forsch* iii 38 (1017).

1 εἶπε P εἶπεν F   2 δεδώκατε FP* ἐδώκατε P**   3 καὶ expunctum sec. man. in P
4 seclusi   5 δε ex οὐ factum, ut uid., pr. man. P

TISCH. xxv v. 35, l. 1 Clem⁹³² et^(alib)] Clem^(807. 467. 536)   l. 2 c.*]+Clem⁹⁵²   l. 7 Clem²⁴⁷] Clem⁹⁶⁷
ad fin κρινω.]+cf et Clem²⁴⁴   v. 38, l. 1 Clem] Clem⁹³²   XXVI v. 17, l. 5 pl]+Clem¹⁰¹⁷

QUOTATIONS FROM ST MATTHEW.

:xvi 23 = Mc xiv 20 Διδάξει δὲ ἡμᾶς αὐτὸς ὁ κύριος ὅτι δεδολωμένος ὁ 'Ιούδας ἐστίν, Ὅς ἂν ἐμβάψηται μετ' ἐμοῦ, λέγων, εἰς τὸ τρύβλιον¹, οὗτός με παραδώσει. *Paed* II viii 62 (206).
[*Paed* II iii 38 (190).]
24 See on xviii 6.
26 /// [*Strom* I x 46 (343).]
27 f. Cp. Mc xiv 23 f.   Καὶ εὐλόγησέν γε² τὸν οἶνον, εἰπών· Λάβετε πίετε ∧· τοῦτό ∧ μού ἐστιν³ τὸ αἷμα, αἷμα τῆς ἀμπέλου, τὸν λόγον τὸν περὶ πολλῶν ἐκχεόμενον εἰς ἄφεσιν ἁμαρτιῶν εὐφροσύνης ἅγιον ἀλληγορεῖ νᾶμα. *Paed* II ii 32 (186).
29 = Mc xiv 25 Ὅτι δὲ οἶνος ἦν τὸ εὐλογηθὲν ἀπέδειξε πάλιν πρὸς τοὺς μαθητὰς λέγων· Οὐ μὴ πίω ἐκ ∧ τοῦ γεννήματος τῆς ἀμπέλου ταύτης, μέχρις ἂν ∧ πίω αὐτὸ μεθ' ὑμῶν ∧ ἐν τῇ βασιλείᾳ τοῦ πατρός μου. *Paed* II ii 32 (186).
32 = Mc xiv 28 Καί, Προάξω ὑμᾶς, λέγει, τῇ τρίτῃ τῶν ἡμερῶν εἰς τὴν Γαλιλαίαν. *Exc ex Theod* § 61 (984).
39 /// [*Paed* I vi 46 (125); *Strom* IV ix 75 (597).]
41 = Mc xiv 38 'Ἡμῖν δὲ ὁ σωτὴρ εἴρηκεν· Τὸ ∧ πνεῦμα πρόθυμον, ἡ δὲ σὰρξ ἀσθενής. *Strom* IV vii 45 (584).
63 f. = Lc xxii 66 f., 70 In aliis autem euangeliis (Mc has just been quoted) dicit⁴ dominus principi sacerdotum interrogatus⁵, si ipse esset filius dei, non e contra respondens⁶—sed quid dixit?—uos dicitis, satis bene respondens. *Adumbr in Epist Iudae* v. 24; Zahn *Forsch* iii 86 (1008).

xvii 29 [*Paed* II viii 73 (214).]
46 = Mc xv 34 Καὶ μήτι τό· 'Εν τῷ ἡλίῳ ἔθετο τὸ σκήνωμα αὐτοῦ, οὕτως ἐξακούεται, ἐν τῷ ἡλίῳ ἔθετο, τουτέστιν ἐν τῷ θεῷ τῷ πλησίον θεῷ⁷· ὡς ἐν τῷ εὐαγγελίῳ, Ἠλί ἠλί, ἀντὶ τοῦ, θεέ μου, θεέ μου. *Ecl Proph* § 57 (1003).
52 Ναὶ μὴν καὶ σώματά φησι τὸ εὐαγγέλιον πολλὰ τῶν κεκοιμημένων ἀνεστάσθαι, εἰς ἀμείνω δῆλον ὅτι μετατεθειμένων τάξιν. *Strom* VI vi 47 (764).

:viii 19 Καὶ τοῖς ἀποστόλοις ἐντέλλεται· Περιιόντες κηρύσσετε καὶ τοὺς πιστεύοντας βαπτίζετε εἰς ∧ ὄνομα ∧ πατρὸς καὶ ∧ υἱοῦ καὶ ∧ ἁγίου πνεύματος. *Exc ex Theod* § 76 (987).

1 εἰς τὸ τρύβλιον P ἐν τῷ τρυβλίῳ F   2 εὐλόγησεν P* εὐλόγησέ γε P**   3 ἐστι F   4 dicit dominus cod. Laudun. dicitur cod. Berol. Phill. (sed -citur tert. man.)   5 interrogatus cod. Laudun. interrogati ex interrogatur factum man. pr. aut sec. (?) Berol. Phill. interroganti edd.   6 respondisse cod. Berol. Phill. tert. man.   7 θεῷ L ut uid. θεός v edd.

TISCH. XXVI. v. 24 ad fin]+quae uerba laudat Clem⁵⁰¹ ουαι τω ανθρωπω εκεινω, φησιν ο κυριοσ, καλον κτε.   v. 27 ad fin]+, item Clem¹⁸⁶ Or³,¹⁹⁴ om εξ αυτ. παντ.   v. 28, l. 2 aeth]+Clem¹⁸⁶ (τουτο μου εστ. το αιμ.)   XXVII v. 46, l. 7 Clem^eel 998] Clem^eel 100   XXVIII v. 19, l. ult. αγιου,] +Theod ap Clem⁹⁸⁷

xxvi 23 Mt and Mc are so combined that it is impossible to mark variants.
27 Λάβετε πίετε· τοῦτό μού ἐστιν τὸ αἷμα. [So Orig *Hom in Jerem* xii § 2 (Ru III 194) Cyril of Jerusalem *Cat* xxii § 1. Cp. Serapion's Canon of the Liturgy Wobbermin *Altchr. liturg. Stücke* (Texte u. Unters. 1899) p. 5 λάβετε πίετε· τοῦτό ἐστιν ἡ καινὴ διαθήκη, ὅ ἐστιν τὸ αἷμά μου τὸ ὑπὲρ κ.τ.λ. The points of agreement are (1) ins. λάβετε, (2) om. ἐξ αὐτοῦ πάντες. Moreover λάβετε πίετε is attested by cop^codd (and Can. of Copt. Lit. of S. Cyril) syr.sin (crt uacat) pesh and by accipite et bibite of b g¹ h Amb and the Roman Canon. J. A. R.]
29 b in Mt and f in Mc have uitis huius. μεθ' ὑμῶν is peculiar to Mt.
xxvii 49 On the reading τῷ πλησίον θεῷ Dr Stählin writes to me "θεός hat Victorius, aber in L steht nicht θεός, sondern θεῷ (ohne iota), wie ich ziemlich sicher zu lesen glaubte. *Heyse* las θεοῦ."

ST MARK.

i 6 Ἰωάννης δὲ ὑπερτείνας τὴν ἐγκράτειαν ἀκρίδας καὶ μέλι ἤσθιεν ἄγριον. *Paed* II i 16 (175).
Ὁ δὲ μακάριος Ἰωάννης...τὰς τῶν καμήλων εἵλετο[1] τρίχας καὶ ταύτας ἠμπίσχετο[2]...καὶ γὰρ μέλι ἤσθιεν καὶ ἀκρίδας. *Paed* II x 112 (237).

7 = Lc iii 16 = Jn i 27 Τῆς λιτῆς ὑποδέσεως ἀπόχρη μάρτυς Ἰωάννης, οὐκ ἄξιος εἶναι ὁμολογῶν τὸν ἱμάντα τῶν ὑποδημάτων λύειν τοῦ κυρίου. *Paed* II xi 117 (241).

13 Αὐτίκα ὁ κύριος μετὰ τὸ βάπτισμα σαλεύεται εἰς ἡμέτερον τύπον καὶ γίνεται πρῶτον μετὰ θηρίων ἐν τῇ ἐρήμῳ, εἶτα κρατήσας τούτων καὶ τοῦ ἄρχοντος αὐτῶν ὡς ἂν ἤδη βασιλεὺς ἀληθὴς ὑπ' ἀγγέλων ἤδη διακονεῖται. *Exc ex Theod* § 85 (988).

ii 5 See on Mt ix 2.
7 See on Lc v 21.
11 See on Mt ix 6.
27 See on Mt xii 29.
28 See on Mt xii 8.
iii 35 See on Mt xii 50.
v 3 ff. See on Mt xiii 3 ff.
19 = Mt xiii 22 ...τὰς μερίμνας, τὰς ἀκάνθας τοῦ βίου, αἳ τὸ σπέρμα τῆς ζωῆς συμπνίγουσιν. *QDS* § 11 (941).
22 See on Mt x 26.
24 f. See on Lc xix 26.
31 See on Mt xiii 31.
33 f. See on Mt xiii 34.
v 34ᵃ See on Mt ix 22.
34ᵇ = Lc viii 48ᵇ Δικαιοσύνη οὖν ἐστὶν εἰρήνη βίου καὶ εὐστάθεια, ἐφ' ἣν ὁ κύριος ἀπέλυε λέγων· Ἄπελθε εἰς εἰρήνην. *Strom* IV xxv 161 (637).

vii 5, 8 See on Mt xv 2, 9.
6 = Mt xv 8 ...καὶ τὸν λαὸν ἐλέγχων ἐκεῖνον, δι' ὃν εἴρηται[3]· Ὁ λαὸς οὗτος τοῖς χείλεσι <u>φιλοῦσί με</u>, ἡ δὲ καρδία αὐτῶν πορρωτέρω ἐστὶν ἀπ' ἐμοῦ. *Paed* II viii 62 (206).
Διό, Μηδὲ ἐπιθυμήσῃς, λέγει, καί, Ὁ λαὸς οὗτος τοῖς χείλεσί με <u>τιμᾷ</u>, φησίν, ἡ δὲ καρδία αὐτῶν πόρρω ἐστὶν ἀπ' ἐμοῦ. *Strom* II xiv 61 (461).

1 Ex εἵλατο factum (?manu Arethae) in P   2 ι super rasuram, littera inter ι et σ erasa, habet P   3 δι' ὃν εἴρηται P** ad marg. uide ad Mt xv 8

TISCH. p. 285, l. 5 syrᵉᶜʰ]+Clemᵗᵉʳ   l. 7 vg]+Clem⁴⁶¹· ⁵⁷⁷ et ¹⁴³ (τιμωσι)   l. 8 me]+cf Clem⁵⁸³· ⁶¹⁴ τοισ χειλεσιν αγαπων et ²⁰⁶ φιλουσι με   al⁵ fere]+Clem⁵⁷⁷   l. 9 ante]+Clem⁵⁷⁷ απεστη,]+Clem¹⁴³· ²⁰⁶· ⁴⁶¹ εστιν   l. 11 a me]+cf Clem⁵⁸³ την δε καρδιαν μακραν εχων

i 6 The plural καμήλων is also found in syr.*pesh*. (hiat syr.*sin*)

CLEMENT'S QUOTATIONS FROM ST MARK. 31

'Ο γὰρ λαὸς ὁ ἔτερος τοῖς χείλεσι ∧ τιμᾷ, ἡ δὲ καρδία αὐτοῦ πόρρω ἄπεστιν ἀπὸ κυρίου. *Strom* IV vi 32 (577).

'Ο μὲν γὰρ τοῖς χείλεσιν ἀγαπῶν λαὸς, τὴν δὲ καρδίαν μακρὰν ἔχων ἀπὸ τοῦ κυρίου ἄλλος ἐστίν, ἄλλῳ πεπεισμένος... *Strom* IV vii 43 (583).

Ἔστι γὰρ καὶ ὁ λαὸς ὁ τοῖς χείλεσιν ἀγαπῶν... *Strom* IV xviii 112 (614).

vii 6 f. = Mt xv 8 f. Νουθετεῖ δὲ καὶ διὰ Ἡσαίου κηδόμενος τοῦ λαοῦ, ὁπηνίκα λέγει· Ὁ λαὸς οὗτος τοῖς χείλεσιν αὐτῶν τιμῶσί με, ἡ δὲ καρδία αὐτῶν πόρρω ἐστὶν ἀπ' ἐμοῦ...μάτην δὲ σέβονταί με διδάσκοντες διδασκαλίας ∧ ἐντάλματα ἀνθρώπων. *Paed* I ix 76 (143).

15, 20 See on Mt xv 11, 18.
19 See on Mt xv 17.

viii 31 = Lc ix 22; xviii 32; xxiv 7 Καὶ ὅταν λέγῃ· Δεῖ τὸν υἱὸν τοῦ ἀνθρώπου ἀποδοκιμασθῆναι, ὑβρισθῆναι, σταυρωθῆναι, ὡς περὶ ἄλλου φαίνεται λέγων, δηλονότι τοῦ ἐμπαθοῦς. *Exc ex Theod* § 61 (984).

35 See on Mt x 39.
36 f. See on Mt xvi 26.

38 Ὃς γὰρ ἂν ἐπαισχυνθῇ με ἢ τοὺς ἐμοὺς λόγους ἐν τῇ γενεᾷ ταύτῃ τῇ μοιχαλίδι καὶ ἁμαρτωλῷ, καὶ ὁ υἱὸς τοῦ ἀνθρώπου ἐπαισχυνθήσεται αὐτὸν ὅταν ἔλθῃ ἐν τῇ δόξῃ τοῦ πατρὸς αὐτοῦ μετὰ τῶν ἀγγέλων αὐτοῦ[1]. *Strom* IV ix 70 (595).

ix 1 See on Lc ix 27.
2 ff. See on Mt xvii 1 ff.
7 = Mt xvii 5 = Lc ix 35 ...διαρρήδην παραγγείλας ἡμῖν· Οὗτός ἐστί μου ὁ υἱὸς[2] ὁ ἀγαπητός, αὐτοῦ ἀκούετε. *Paed* I xi 97 (155).

9 See on Mt xvii 9.

29 Τῆς πίστεως τὴν εὐχὴν ἰσχυροτέραν ἀπέφηνεν ὁ σωτὴρ τοῖς πιστοῖς ἀποστόλοις ἐπί τινος δαιμονιῶντος, ὃν οὐκ ἴσχυσαν καθαρίσαι, εἰπών· Τὰ τοιαῦτα εὐχῇ κατορθοῦται. *Ecl Proph* § 15 (993).

1 Videtur L primum τοῦ θεοῦ habuisse: θεοῦ autem eraso, αὐ ante τοῦ supra lin. prima manu additum est   2 ἐστί μου ὁ υἱὸς P ἐστὶν ὁ υἱός μου F

TISCH. VIII v. 38, l. 4 Clem[595]+sed η τουσ εμ. λ. habet   IX v. 7, l. 2 a fin go]+Clem[155] v. 29, l. 3 k]+Clem[993]

vii 6 The readings presented by Clement's quotations of this verse are very remarkable. For the usual με τιμᾷ (461, 577) we have τιμῶσί με (143), φιλοῦσί με (206); and αγαπα με, the reading of D[gr] a b c in Mc, is distinctly recognised in (583, 614). The agreement with M in καρδία αὐτοῦ (577) is probably accidental. For ἀπέχει, of which reading Clement shows no knowledge, he has ἐστὶν (206, 461, 143), the reading of D and the Latin in Mt and of several Latin MSS in Mc; and also ἄπεστιν (577) the reading of L, some Vulgate MSS, and Clement of Rome in Mc: further (583) supports the reading of ff[2] in Mc as given by Sabatier and Belsheim *longe habetis a me* (according to Bianchini *longe abest a me*).

viii 31 A general reference to Christ's prophecies of His own death.
38 There is but slight evidence for ἀγγέλων αὐτοῦ, which may come from Mt xvi 27. The scribe of the Laurentian codex seems to have first written ἀγγέλων τοῦ θεοῦ, perhaps through a reminiscence of Lc xii 9; but his alteration no doubt restored the reading of the MS he was copying.

ix 29 Clement's argument makes it clear that he omitted καὶ νηστείᾳ, as do ℵ* et ca B k and one MS of the Aethiopic.

ix 42 See on Mt xviii 6.
43 ff. See on Mt v 29 f.
x 5 = Mt xix 8 Πρὸς τὴν σκληροκαρδίαν ὑμῶν¹, φησίν, ὁ Μωυσῆς ταῦτα ἔγραψεν ᴧ. *Strom* III vi 47 (532).
9 See on Mt xix 6.
11 See on Mt v 32 'Εὰν γάρ τις ἀπολύσῃ ᴧ γυναῖκα ᴧ μοιχᾶται ᴧ αὐτήν, τουτέστιν, ἀναγκάζει μοιχευθῆναι. *Strom* II xxiii 146 (507).
13 f. See on Mt xix 13.
17, 19 See on Lc x 25 f.
17 f. ᴧ Ἐκπορευομένου αὐτοῦ² εἰς ὁδὸν προσελθών τις ἐγονυπέτει ᴧ λέγων· Διδάσκαλε ἀγαθέ, τί ποιήσω ἵνα ζωὴν αἰώνιον κληρονομήσω; ὁ δὲ Ἰησοῦς λέγει ᴧ· Τί με ἀγαθὸν λέγεις; οὐδεὶς ἀγαθὸς εἰ μὴ εἷς ὁ θεός. *QDS* § 4 (937, 938).
18 See on Mt xix 17.
19 Τὰς ἐντολὰς οἶδας· Μὴ μοιχεύσῃς, ᴧ Μὴ φονεύσῃς, Μὴ κλέψῃς, Μὴ ψευδομαρτυρήσῃς ᴧ, Τίμα τὸν πατέρα σου καὶ τὴν μητέρα ᴧ. *QDS* § 4 (938).
19 = Lc xviii 20 Μὴ μοιχεύσῃς, Μὴ φονεύσῃς. *Strom* VII xi 60 (868).
20 Ὁ δὲ ἀποκριθεὶς λέγει αὐτῷ· ᴧ Πάντα ταῦτα ἐφύλαξα ᴧ. *QDS* § 4 (938).
...ὁ πάσας πεποιηκὼς ἐκ νεότητος τὰς νομίμους ἐντολάς... *QDS* § 8 (939).
...ὁ πάντα τὰ τοῦ νόμου πληρώσας ἐκ νεότητος.. *QDS* § 10 (940).
See on Mt xix 19 f.
21 Cp. Mt xix 21; Lc xviii 22 Ὁ δὲ Ἰησοῦς ἐμβλέψας ᴧ ἠγάπησεν αὐτὸν καὶ εἶπεν ᴧ· Ἕν σοι ὑστερεῖ· εἰ θέλεις τέλειος εἶναι, ᴧ πώλησον ὅσα ἔχεις καὶ δίδος ᴧ πτωχοῖς, καὶ ἕξεις θησαυρὸν ἐν οὐρανῷ, καὶ δεῦρο ἀκολούθει μοι ᴧ. *QDS* § 4 (938).
Εἰ θέλεις τέλειος γενέσθαι. And lower down "Ἕν σοι λείπει... *QDS* § 10 (940).
...θησαυρὸν ἐν οὐρανοῖς. *QDS* § 19 (946).

1 ὑμῶν L v Potter ὑμῖν Klotz, Dind.   2 αὐτῶ S

TISCH. x v. 5, l. 7 om] pr Clem⁵³² v. 9, l. 2 o θεοσ] o o θεοσ v. 17 ss. l. 1 Clem⁹²⁷ ᵐˢ] Clem⁹³⁷ ᵐˢ   l. 2 εκπορευομενω] εκπορενομενου v. 17, l. ult. *dele* τι : Clem add αγαθον :: ut Mt v. 18, l. 6 Clem⁹²⁸] Clem⁹³⁸ v. 19, l. 3 a fin *dele* Clem l. ult. *dele* Clem (2° loco) v. 20, l. 9 Clem haec om⁹²⁸, sed⁹²⁹ ᵉˣᵗʳ] Clem haec om⁹³⁸, sed⁹³⁹ ᵉˣᵗʳ l. 10 εντολασ]+cf⁹⁴⁰ v. 21, l. 5 Clem] Clem⁹³⁸, ⁹⁴⁰   l. 6 Clem] Clem⁹³⁸, ⁹⁴⁰   l. 7 Clem] Clem⁹³⁸

x 5 ἔγραψεν seems to show that Clement is quoting Mc rather than Mt. If we keep the reading of the MS, Clement supports D 13–69 *b c k* etc. in the omission of ὑμῖν after ἔγραψεν. A similar group inserts Μωυσῆς somewhere in the sentence.
11 Ἐάν τις receives some support from the reading of several important minuscules and *a ἐὰν ἀνήρ*. The omission of ἐπ' before αὐτήν is strange, but is confirmed by the explanation given.
17–31 Clement distinctly states that he is quoting from Mc in (937, 938) ; ταῦτα μὲν ἐν τῷ κατὰ Μάρκον εὐαγγελίῳ γέγραπται.
17 προσδραμών Mc, προσελθών Mt xix 16. καὶ γονυπετήσας αὐτὸν ἐπηρώτα αὐτόν Mc. Several important minuscules and Latin MSS add λέγων.
20 The omission of ἐκ νεότητος in (938) is no doubt accidental.
21 (938) γενεσθαι ℵ* in Mt xix 21. λείπει from Lc. (946) οὐρανοῖς plural in best text of Lc.

QUOTATIONS FROM ST MARK. 33

x 22 Ὁ δὲ στυγνάσας ἐπὶ ∧ τῷ λόγῳ ἀπῆλθε λυπούμενος· ἦν γὰρ ἔχων χρήματα πολλὰ καὶ ἀγρούς. QDS § 4 (938).
...ἀπῆλθε στυγνὸς καὶ κατηφής. QDS § 20 (946).
23 Περιβλεψάμενος δὲ ὁ Ἰησοῦς λέγει τοῖς μαθηταῖς αὐτοῦ· Πῶς δυσκόλως οἱ τὰ χρήματα ἔχοντες εἰσελεύσονται εἰς τὴν βασιλείαν τοῦ θεοῦ. QDS § 4 (938).
[Paed III vii 37 (276).]
24 f. Οἱ δὲ μαθηταὶ ∧ ἐθαμβοῦντο ἐπὶ τοῖς λόγοις αὐτοῦ. πάλιν δὲ ὁ Ἰησοῦς ἀποκριθεὶς λέγει αὐτοῖς· Τέκνα, πῶς δύσκολόν ἐστι τοὺς πεποιθότας ἐπὶ χρήμασιν εἰς τὴν βασιλείαν τοῦ θεοῦ εἰσελθεῖν· †εὐκόλως† ∧ διὰ τῆς τρυμαλιᾶς τῆς βελόνης κάμηλος εἰσελεύσεται ἢ πλούσιος εἰς τὴν βασιλείαν τοῦ θεοῦ ∧. QDS § 4 (938).
25 =Mt xix 24=Lc xviii 25 Ῥᾷον ∧ κάμηλος διὰ τρήματος ∧ ῥαφίδος διεκδύσεται, ἢ πλούσιος εἰς τὴν βασιλείαν τῶν οὐρανῶν ∧. QDS § 2 (936).
Θᾶττον κάμηλος διὰ ∧ βελόνης εἰσελεύσεται ἢ ὁ τοιοῦτος πλούσιος ἐπὶ τὴν βασιλείαν τοῦ θεοῦ †αρελεύσεται. QDS § 26 (950).
Πειστέον[1] οὖν πολλῷ μᾶλλον τῇ γραφῇ λεγούσῃ· Θᾶττον κάμηλον διὰ τρυπήματος βελόνης διελεύσεσθαι ἢ πλούσιον φιλοσοφεῖν. Strom II v 22 (440).

1 πιστέον L

TISCH. x v. 22, l. ult. Clem ην γαρ πλουσιοσ (:: e Lc) εχων κτ. πο.] Clem ην γαρ εχων χρηματα πολλα και αγρουσ   p. 324, l. 3 filii)]+Clem⁹³⁸   l. 3 ad fin *dele* Clem   v. 25, l. 1 ευκολωτερον] ευκολωσ   l. 12 Clem] Clem⁹³⁸   l. 13 Clem] Clem⁹⁵⁸   l. 14 cop]+Clem⁴⁴⁰·⁹⁵⁰   l. 17 Clem] Clem⁴⁴⁰·⁹³⁸·⁹⁵⁰

x 22 πολλα χρηματα D, χρηματα πολλα 116 (B Chr have χρηματα in Mt xix 22): also *b d* have *multas pecunias, a multam pecuniam, ff*[2] *multas possessiones et pecunias*. No Greek evidence for καὶ ἀγρούς: *b* has *multas pecunias et agros*: *k multas diuitias et agros*.
25 The readings in this verse are so complicated that it may be well to try and give a clear statement of the more important ones, as far as they can be gathered from Tischendorf. Clement does *not* follow D 235 *a b ff*[2] in placing this verse between vv. 23 and 24: but the three times quotes it in the fut. ind. construction found in D (not *d*) *a* (and in part in 235); in (440) the acc. and inf. is probably due to the way in which the verse is introduced, or Clement may have been thinking of one of the other Gospels. εὐκόλως in (938) must be a mistake, perhaps for εὐκοπώτερον, the true reading in all three Gospels. ῥᾷον in (936) appears to be unsupported, but is an easy sense variant (cp. Latin *facilius*) With θᾶττον (950, 440) compare ταχειον in D. There is no evidence in any of the Gospels for placing κάμηλος just before the verb as in (938): in the other three quotations the word occupies its usual place. τῆς τρυμαλιᾶς (938) is no doubt the right reading in Mc, though the article has no Western support. τρυμαλιᾶς without the article is read by a few MSS with a large Syrian group in Lc. τρήματος (936) is read by א* in Mc, by א*B in Mt, and by אBD in Lc. Clement's evidence for the existence of this reading is important, whichever Gospel he is quoting from. τρυπήματος (440) is read by 13–69 in Mc, has some support in Lc, and in Mt is the reading of a large Western and Syrian group. τῆς βελόνης (938) and without article (950, 440) is read in Mc by 13–69 (whether with or without article Tischendorf does not say), and is the prae-Syrian reading in Lc. εἰσελεύσεται (938, 950) corresponds to εἰσελθεῖν which is well supported in all three Gospels, and is read by Westcott and Hort in Mt and Lc. διεκδύσεται (936) is probably a mistake for διελεύσεται (cp. 440): διελθεῖν is read by Westcott

B.   3
4 *

x 26 Οἱ δὲ περισσῶς ἐξεπλήσσοντο καὶ ἔλεγον ‸· Τίς οὖν δύναται σωθῆναι; QDS § 4 (938).
26 =Mt xix 25 Τί οὖν φοβηθέντες λέγουσι· Τίς ‸ δύναται σωθῆναι; QDS § 20 (946).
27 Ὁ δὲ ἐμβλέψας αὐτοῖς ‸ εἶπεν ὅτι Παρὰ ἀνθρώποις ἀδύνατον ‸, παρὰ θεῷ δυνατόν. QDS § 4 (938).
27 = Mt xix 26=Lc xviii 27 ...μηκέτι πολυπραγμονήσαντες μήτε τίνας τοὺς πλουσίους ὁ δεσπότης καὶ διδάσκαλος προσαγορεύει¹ μήτε ὅπως τὸ ἀδύνατον ἐν ἀνθρώπῳ ἢ δυνατὸν² γίνεται. QDS § 2 (936).
Ὁ δὲ κύριος ἀποκρίνεται διότι Τὸ ἐν ἀνθρώποις ἀδύνατον, δυνατὸν θεῷ. QDS § 21 (947).
28 Ἤρξατο ὁ Πέτρος λέγειν αὐτῷ· Ἰδὲ ἡμεῖς ἀφήκαμεν πάντα καὶ ἠκολουθήσαμέν σοι ‸. QDS § 4 (938).
Ἰδὲ ἡμεῖς ἀφήκαμεν πάντα καὶ ἠκολουθήσαμέν σοι ‸. QDS § 21 (947).
29 f. Ἀποκριθεὶς δὲ ὁ Ἰησοῦς λέγει· Ἀμὴν ὑμῖν λέγω, ὃς ἂν ἀφῇ τὰ ἴδια καὶ γονεῖς καὶ ἀδελφοὺς καὶ χρήματα ‸ ἕνεκεν ἐμοῦ καὶ ἕνεκεν τοῦ εὐαγγελίου, ἀπολήψεται ἑκατονταπλασίονα νῦν ἐν τῷ καιρῷ τούτῳ ἀγροὺς καὶ χρήματα καὶ οἰκίας καὶ ἀδελφοὺς ‸ ἔχειν μετὰ διωγμῶν †εἰς που†, ἐν δὲ τῷ ‸ ἐρχομένῳ †ζωήν ἐστιν αἰώνιος†. QDS § 4 (938).

1 προσαγορεύῃ S   2 Lege ἐν ἀνθρώποις δυνατὸν

Tisch. x v. 27, ll. 10, 11 dele (Clem ὅτι usque ad δυνατόν)   l. 13 dele Clem   l. 15 δυνατον]
+Clem⁹³⁸ παρα θεω δυνατον   p. 326, l. 2 αποκριθεισ]+δε   l. 3 D d]+Clem⁹⁴⁶   l. 3 Clem⁹²⁸
[non item⁹³⁸]] Clem⁹³⁸ [sed⁹⁴³ αποκρ. δε ι̅σ̅]   l. 5 Clem⁹²⁸ et ⁹³⁸] (Clem⁹³⁸ et ⁹⁴³)   l. 8 dele (⁹³⁸
λεγ. υμ.)   l. 9 dele μου (⁹³⁶ Om)   l. 10 et ⁹²⁸ et ⁹³⁸; reliqua tantum⁹²⁸] et ⁹³⁸ et ⁹⁴³; reliqua⁹³⁸ et ⁹⁴⁹
l. 10 νυν] νυν δε (om δε ⁹³⁸)   l. 11 αδελφους]+εχειν   l. 12 διωγμων]+εισ που   v. 30, l. 14
Clem⁹²⁸ et ᵇⁱˢ ⁹³⁷] Clem⁹³⁹ et ᵇⁱˢ ⁹⁴⁹   l. 17 c k]+Clem

and Hort in Mc, and has considerable support in Mt and Lc. τῶν οὐρανῶν (936) is read by some Greek MSS (including Z 1. 33. 124), all the Latin Versions and syr.crt in Mt, and by several Syrian documents in Lc. The verb at the end of the verse is omitted in Mc by aff²k and placed before εἰς τὴν βασ. by bcfg¹ cop aeth; in Mt it is omitted by אLZ 1. 33 ff¹ syr.crt and placed before εἰς τὴν βασ. by BD and the Latin Versions; in Lc it is omitted by aei syr.pesh and placed before εἰς τὴν βασ. by D b cff² vg cop syr.crt-hier.

To sum up the results of this examination: in (938) Clement seems to follow a Western text independent of any document we now possess, but akin to D 13–69 a: in (936) he appears to be quoting from Mt, but the form of his quotation is modelled on his text of Mc.

x 27 The support given by Clement to the short reading of D 157 aff²k is very important. The omission of πάντα γὰρ κτέ is confirmed by the absence of any allusion to it later in the QDS.

29 f. The confusion of readings in these two verses is terrible, and Tischendorf has made things worse by getting the pages of Clement wrong as he so often does after p. 900. There appears to be no other evidence for the form of the sentence (ὃς ἂν ἀφῇ—ἀπολήψεται) given by Clement: τὰ ἴδια is perhaps a synonym for οἰκίαν: γονεῖς in Lc xviii 29: χρήματα is unsupported. With ἀπολήψεται cp. απολαβη in א 1 in Mc, also read by most MSS in Lc. ἔχειν appears to be peculiar to Clement.

It is almost incredible that Clement either read or wrote εἰς που (or εἰς που). But he probably dictated the QDS to a shorthand scribe (cp. Origen Comm in Joh vi 2 ed. Brooke vol. i, p. 110), who would make a fair copy afterwards. Instead, however, of dictating the long passage from Mc, Clement may have handed his codex of the Gospel to the scribe, who either found the mistake in this codex or misread what he found there, and then introduced the same mistake in § 25.

x 29 Ἀποκριθεὶς δὲ Ἰησοῦς ∧· Ἀμὴν ὑμῖν λέγω, ὃς ἂν ἀφῇ τὰ ἴδια καὶ γονεῖς καὶ ἀδελφοὺς καὶ χρήματα ∧ ἕνεκεν ἐμοῦ καὶ ἕνεκεν τοῦ εὐαγγελίου, ἀπολήψεται ἑκατονταπλασίονα. QDS § 22 (948).

30 Νῦν δὲ ἐν τῷ καιρῷ τούτῳ ἀγροὺς καὶ χρήματα καὶ οἰκίας καὶ ἀδελφοὺς ∧ ἔχειν μετὰ διωγμῶν †εἶς που.† QDS § 25 (949).
...ἐν δὲ τῷ ∧ ἐρχομένῳ †ζωήν ἐστιν αἰώνιος†. QDS § 25 (950).

29 = Mt xix 29 = Lc xviii 29 Αὐτίκα ὁ κύριος ἐν τῷ εὐαγγελίῳ φησίν· Ὅς ἂν καταλείψῃ πατέρα ἢ μητέρα ἢ ἀδελφοὺς καὶ τὰ ἑξῆς ἕνεκεν τοῦ εὐαγγελίου καὶ τοῦ ὀνόματός μου, μακάριος οὑτοσί. Strom IV iv 15 (570).

No satisfactory solution has yet been proposed, so far as I am aware, of the difficulties contained in Clement's quotation of these two verses: the following attempt to restore the form in which Clement read them may perhaps help to suggest the lines on which a solution may be found.

We note first of all that there are several mistakes in § 4, to whatever cause they may be due. On page 4 of my edition of the *QDS*, l. 23, the MS has ἐκπορευομένου αὐτῷ: the allusions to v. 20 in §§ 8, 10 show that ἐκ νεότητός μου has fallen out in l. 29: on p. 5, ll. 2, 3 we find τὰ χρήμα and l. 7 the meaningless εὐκόλως: l. 13 λέγει should no doubt be omitted as in § 22 (D omits the verb of saying): l. 18 ἐν δὲ has been inserted by a mistake, as the quotation in § 26 shows. Of course these mistakes may be due to a transcriber; but it is also possible that Clement's shorthand scribe found them in his codex of St Mark, as suggested above. In any case we shall be safe in correcting the text of § 4 in accordance with the quotations found further on, and Clement's comments on them.

Now we notice that in § 22 the quotation ends with ἑκατονταπλασίονα, as if the sentence was complete: and in § 25 where the quotation is resumed, we have νῦν δὲ ἐν τῷ καιρῷ τούτῳ κτέ. These words were thus clearly separated from what precedes them, and connected with what follows them: consequently the accusatives ἀγροὺς etc. were left without a verb to govern them; ἔχειν was therefore inserted, and also a verb which lies hidden, I think, under the corrupt εἰς που: for the same reason it was necessary in the next clause to alter the accusative ζωὴν αἰώνιον into a fresh statement, producing a reading quite unsupported so far as I know by any other evidence: the familiarity of the scribe with the usual reading caused him twice to write the accusative ζωήν.

Somewhat similar changes were made in D and some Latin Versions. In D a sentence ends with εν τω καιρω τουτω: to govern the following accusatives οσ δε αφηκεν has been inserted, and so has λημψεται to govern ζωην αιωνιον. a b ff² treat the passage in a similar way; while ℵ c omit the accusatives following τουτω, and μετα διωγμων with them. k has *et non relinquet centumplicia cum persecutionibus in isto saeculo*. Clearly the object of these different alterations was to get rid of the promise of the hundred-fold multiplication of this world's goods: I believe that Clement's MS of Mc with the same object in view read as follows:—ὃς ἂν ἀφῇ τὰ ἴδια......ἀπολήψεται ἑκατονταπλασίονα. νῦν δὲ ἐν τῷ καιρῷ τούτῳ ἀγροὺς καὶ χρήματα καὶ οἰκίας καὶ ἀδελφοὺς ἔχειν μετὰ διωγμῶν * * * (a word meaning "I forbid" or "refuse"), ἐν δὲ τῷ ἐρχομένῳ ζωή ἐστιν αἰώνιος.

Now let us turn to Clement's comments on the passage: clearly his text of Mc did not contain a promise of worldly prosperity, for in § 25 (p. 19, ll. 6 ff.) he feels himself obliged to explain that Christ did not require the absolute surrender of relations and property. He continues: τὸ δὲ μετὰ διωγμῶν ταῦτα ἕκαστα ἔχειν ἀποδοκιμάζει, "but it is the having these things *with persecutions* that He disallows." It is not improbable that ἀποδοκιμάζει refers to the word which has been corrupted into εἰς που. Compare also § 24, p. 18, l. 34 and especially § 25, p. 19, ll. 29 ff.: μετὰ διωγμοῦ τοιούτου πλοῦτον ἐὰν ἔχῃς τὸν αἰσθητόν, κἂν ἀδελφοὺς τοὺς πρὸς αἵματος καὶ τὰ ἄλλα ἐνέχυρα, κατάλιπε τὴν τούτων παγκτησίαν τὴν ἐπὶ κακίᾳ κτέ.

36   CLEMENT'S QUOTATIONS FROM ST MARK.

x 30 Τῷ δὲ ἁπλῶς πεπιστευκότι μαρτυρεῖ ἑκατονταπλασίονα ὧν ἀπολέλοιπεν.   *Strom* IV xvii 114 (615).

31 †'Εν δὲ†ᴧ ἔσονται οἱ πρῶτοι ἔσχατοι καὶ οἱ ἔσχατοι πρῶτοι.   *QDS* § 4 (938).
ᴧ"Εσονται οἱ πρῶτοι ἔσχατοι καὶ οἱ ἔσχατοι πρῶτοι.   *QDS* § 26 (950).

45 See on Mt xx 28.

47 f. =Mt ix 27; xv 22; xx 30, 31; Lc xviii 38 f. 'Αμέλει καὶ τῶν ἐπιβοωμένων τὸν κύριον αὐτὸν οἱ μὲν πολλοί, Ὑἱὲ Δαβίδ, ἐλέησόν με, ἔλεγον.   *Strom* VI xv 132 (807).

xi 25 See on Mt vi 14 f.

xii 16 f. See on Mt xxii 20 f.

25 See on Mt xxii 30.

30 f. =Mt xxii 37, 39=Lc x 27 Φησὶν οὖν ὁ διδάσκαλος, τίς ἡ μεγίστη τῶν ἐντολῶν ἠρωτημένος· 'Αγαπήσεις κύριον τὸν θεόν σου ᴧ ἐξ ὅλης τῆς ψυχῆς σου ᴧ καὶ ἐξ ὅλης τῆς δυνάμεώς σου· ταύτης μείζω μηδεμίαν ἐντολὴν εἶναι, καὶ μάλα εἰκότως. *QDS* § 27 (951).

31 Δευτέραν δὲ τάξει καὶ οὐδέν τι μικροτέραν ταύτης εἶναι λέγει τό· 'Αγαπήσεις τὸν πλησίον σου ὡς σεαυτόν.   *QDS* § 28 (951).
See also on Mt xix 19ᵇ and xxii 37, 39.

41-44 =Lc xxi 1—4 Πάλιν τε αὖ θεασάμενος εἰς τὸ γαζοφυλάκιον τὸν μὲν πλούσιον ἀναλόγως τῇ κτήσει βεβληκότα, τὴν δὲ χήραν χαλκοῦς δύο, πλεῖον ἔφη τὴν χήραν βεβληκέναι πάντων· ὁ μὲν γὰρ ἀπὸ τοῦ περισσεύματος, ἡ δὲ ἀπὸ¹ τῆς ὑστερήσεως συνεισήνεγκεν. *Strom* IV vi 35 (579).

xiii 17 See on Mt xxiv 19.
22 See on Mt xxiv 24.
35 See on Mt xxiv 42.

xiv 20 See on Mt xxvi 23.
23 f. See on Mt xxvi 27 f.
25 See on Mt xxvi 29.
28 See on Mt xxvi 32.
38 See on Mt xxvi 41.
62 In euangelio uero secundum Marcum interrogatus dominus a principe sacerdotum, si ipse esset Christus, filius dei benedicti, respondens dixit: Ego sum, et uidebitis filium hominis a dextris sedentem uirtutis. *Adumbr in epist Iudae* v. 24; Zahn *Forsch* iii 86 (1008).

xv 34 See on Mt xxvii 46.

¹ L ad marg. pr. manu ἐκ

TISCH. x v. 31, l. 1 Clem⁹²⁸ (et ⁹⁴⁰ ubi est] (Clem⁹³⁸ et ⁹⁵⁰   XII v. 30, l. 8 etc]+ | Clem⁹⁵¹ om ἐξ ὁλ. τ. καρδ. σου   l. 13 syr ʰʳ]+Clem   XIV v. 61, l. 4 a fin Clemⁱⁿᵗ ⁹⁹⁸] Clemⁱⁿᵗ ¹⁰⁰⁸

xii 41-44 Clement follows Mc rather than Lc, e.g. ὑστερήσεως Mc, while Lc has ὑστερήματος. In vv. 42, 43 his text apparently omitted πτωχή: so D 2ᵖᵉ a b c ff² i k q arm in v. 42, and k in v. 43. περισσεύματος UΓΔ and many minuscules in Mc : L 1-118-131-209, 13-69-124, 25, 33, 71, 243 in Lc. No evidence for ἀπό.
With χαλκοῦς δύο Resch *Aussercanonische Paralleltexte zu Lc*, p. 567 compares c in Lc xxi 2 *aera minuta duo* and Methodius *Ueber das Leben* VII 2, p. 69, ed Bonwetsch : ' Schaue mir auch jene arme Witwe, deren ganzes Vermögen zwei Kupfermünzen.' *aera minuta duo* is given by b ff² in Mc, and by (e) i vg in Lc; *aera duo* is given in Mc by c d i q.

ST LUKE.

i 35 Τὸ οὖν· Πνεῦμα ἅγιον[1] ∧ ἐπὶ σέ· τὴν τοῦ σώματος τοῦ κυρίου λέγει[2]. Δύναμις δὲ ὑψίστου ἐπισκιάσει σοι· τὴν μόρφωσιν δηλοῖ τοῦ θεοῦ, ἣν ἐνετύπωσεν τὸ σῶμα ἐν τῇ παρθένῳ. *Exc ex Theod* § 60 (983).

41 Καὶ ἐν τῷ[3] εὐαγγελίῳ τὸ βρέφος ἐσκίρτησεν ὡς ἔμψυχον... *Ecl Proph* § 50 (1001).

47 [*Paed* I v 21 (111).]

ii 1 f. Ἐγεννήθη δὲ ὁ κύριος ἡμῶν τῷ ὀγδόῳ καὶ εἰκοστῷ ἔτει ὅτε πρῶτον ἐκέλευσαν ἀπογραφὰς γενέσθαι ἐπὶ Αὐγούστου. *Strom* I xxi 145 (407).

14 Cp. xix 38 Διὰ τοῦτο ὁ κύριος κατῆλθεν εἰρήνην ποιήσων τοῖς ἀπ' οὐρανοῦ[4], οὐ τοῖς ἀπὸ γῆς, ὥς φησιν ὁ ἀπόστολος· Εἰρήνη ἐπὶ τῆς γῆς καὶ δόξα ἐν ὑψίστοις. *Exc ex Theod* § 74 (986).

24 [*Paed* I v 14 (106).]

40, 52 Τὸ δὲ παιδίον ηὔξανεν ∧ καὶ προέκοπτεν σφόδρα. *Exc ex Theod* § 61 (984).

49 [*Protr* ix 82 (69); *Strom* IV xxiii 148 (631); *id* VI vi 45 (763).]

iii 1 f. Ὅτι δὲ τοῦτ' ἀληθές ἐστιν ἐν τῷ εὐαγγελίῳ τῷ κατὰ Λουκᾶν γέγραπται οὕτως· ∧ Ἔτει δὲ πεντεκαιδεκάτῳ ἐπὶ Τιβερίου Καίσαρος ἐγένετο ῥῆμα κυρίου ἐπὶ Ἰωάννην τὸν Ζαχαρίου υἱόν. *Strom* I xxi 145 (407).

Φασὶ δὲ (sc οἱ ἀπὸ Βασιλείδου) εἶναι τὸ πεντεκαιδέκατον ἔτος Τιβερίου Καίσαρος. *Strom* I xxi 146 (408).

8 See on Mt iii 9.
9 See on Mt iii 10.

1 Post ἅγιον addunt edd. ἐπελεύσεται e Lc   2 Sylburgius ad λέγει scripsit: *post hoc uerbum deesse uidetur σύλληψιν, aut simile quid*   3 Membrano scisso litterae τῷ ἐν in codice desunt   4 οὐρανὸν L   οὐρανοῦ Arcerius   οὐρανῶν Sylb.

Tisch. p. 436, l. 12 Clem[974]] Clem[984]

ii 14 The phrase ὥς φησιν ὁ ἀπόστολος leads one to expect a quotation from St Paul. I venture to suggest that οὐ before τοῖς ἀπὸ γῆς is a dittograph of the final syllable of οὐρανοῦ, and has displaced καί; the words εἰρήνην ποιήσων κτέ could then be taken as a reference to Eph ii 17 καὶ ἐλθὼν εὐηγγελίσατο εἰρήνην ὑμῖν τοῖς μακρὰν καὶ εἰρήνην τοῖς ἐγγύς, according to the interpretation mentioned by Hippolytus *Philosophumena* v 8 (p. 111 ed Miller) καὶ ποίησον εἰρήνην τοῖς μακράν, τουτέστι τοῖς ὑλικοῖς καὶ χοϊκοῖς, καὶ εἰρήνην τοῖς ἐγγύς, τουτέστι τοῖς πνευματικοῖς. In the concluding words of our passage, Lc ii 14 and xix 38 appear to be confused. In the latter passage, where the true reading is ἐν οὐρανῷ εἰρήνη καὶ δόξα ἐν ὑψίστοις, 235 and d[scr] substitute ἐπὶ (τῆς) γῆς for ἐν ὑψίστοις, a good instance of a similar confusion. [Ephr *Diat* (Moes. p. 27) "The angels said, *Glory in the highest and peace on earth*; and the children, *Peace in heaven and glory on the earth*." J. A. R.] [But Aphraates, ed. Wright p. 180, makes the angels say *Peace in heaven and glory in earth*. F. C. B.] Resch on Lc xix 38 quotes from the Acts of S. Callistratus, p. 309, ed. Conybeare, "...and sang: Hosanna in the highest, blessing to the son of David, peace upon earth and glory in the highest."

iii 12–14 Καὶ τοῖς μὲν στρατευομένοις διὰ Ἰωάννου παραγγέλλει ἀρκεῖσθαι μόνοις τοῖς ὀψωνίοις· τοῖς δὲ τελώναις, μηδὲν πλέον πράσσειν παρὰ τὰ διατεταγμένα. *Paed* III xii 91 (306).
16 See on Mc i 7.
16 f. =Mt iii 11 f. Ὁ Ἰωάννης φησὶν ὅτι Ἐγὼ μὲν ὑμᾶς ὕδατι βαπτίζω· ἔρχεται δὲ μου ὁ¹ ὀπίσω ὁ βαπτίζων ὑμᾶς ἐν πνεύματι ∧ καὶ πυρί...τὸ γὰρ πτύον ἐν τῇ χειρὶ αὐτοῦ τοῦ διακαθᾶραι τὴν ἅλω ∧, καὶ συνάξει τὸν σῖτον εἰς τὴν ἀποθήκην ∧, τὸ δὲ ἄχυρον κατακαύσει πυρὶ ἀσβέστῳ. *Ecl Proph* § 25 (995).
17 See on Mt iii 12.
22 Καὶ ἡ περιστερὰ δὲ σῶμα ὤφθη. *Exc ex Theod* § 16 (972).
Αὐτίκα γοῦν βαπτιζομένῳ τῷ κυρίῳ ἀπ' οὐρανῶν ἐπήχησε² φωνὴ μάρτυς ἠγαπημένου· ∧Υἱός μου εἶ σὺ∧ ἀγαπητός, ἐγὼ σήμερον γεγέννηκά σε. πυθώμεθα³ οὖν τῶν σοφῶν· Σήμερον ἀναγεννηθεὶς ὁ Χριστός... *Paed* I vi 25 (113).
23 Καὶ πάλιν ἐν τῷ αὐτῷ (sc τῷ εὐαγγελίῳ τῷ κατὰ Λουκᾶν)· *Ἦν δὲ Ἰησοῦς ἐρχόμενος ἐπὶ τὸ βάπτισμα ὡς ἐτῶν λ΄.* *Strom* I xxi 145 (407).

1 ὁ ὀπίσω L υ om. ὁ edd   2 ἐπήχησεν F   3 πυθώμεθα F** υ edd

TISCH. III v. 16, p. 446, l. 3 Eus] *pr* Heracl? ap Clem⁹⁹⁵   v. 16, l. 2 a fin pag⁹³⁵] pag⁹⁹⁵   l. ult. μου]+ο   βαπτιζων]+υμασ   v. 17, l. 2 a fin et^{petr 4}]+Heracl ap Clem⁹⁹⁵

iii 22 D a b c *ff*²* l τ have the reading υιος μου ει συ (*tu es* b) εγω σημερον γεγεννηκα σε, which is mentioned by Justin Martyr, Tyconius, Juvencus, Augustine, and Methodius, and occurred in the Ebionite Gospel according to Epiphanius' account. See Tischendorf on this passage and on Mt iii 17. ἀγαπητός has evidently slipped in owing to a reminiscence of the usual text.

23 ἐρχόμενος. Cp. Ephr *Diat* (Moes. p. 41) "And Jesus himself was about thirty years of age at the time when He came to be baptized of John."
The following passage from Barsalibi is worth noting (on Mt iii 1 "in those days." B.M. Addl 7184, *fol*. 28). Barsalibi says 'In those days' does not mean the days when our Lord was returning from Egypt to Nazareth, but during the time He was at Nazareth. "*For the number of the years was 25, because when thirty years old He came to Baptism, as saith Luke.*" For the translation of this I am indebted to Mr F. C. Burkitt, but he expresses a doubt whether in view of the context stress can be laid on it as an illustration of the reading ἐρχόμενος.
There is the same doubt with regard to the apparently conflate reading found in Iren int 148 (vol. i, p. 330, ed. Harvey); "Ad baptismum enim uenit nondum qui triginta annos suppleuerat, sed qui inciperet esse tanquam triginta annorum: (ita enim, qui eius annos significauit Lucas posuit: *Iesus autem erat quasi incipiens triginta annorum*, cum ueniret ad baptismum)." The concluding words may be Irenaeus' own, as Harvey indicates by not printing them in italics: in the previous section we read: "Triginta quidem annorum exsistens cum ueniret ad baptismum."
[Aphraates, ed. Wright p. 404 *ad fin*, p. 405 *ad init* "Joseph 30 years old stood before Pharaoh, and became a lord unto Egypt. And Jesus about 30 years old came to the Jordan to be baptized, and received the Spirit and went forth to preach."
Cp. Ephr *Diat* iv 28, 29 (Moes. p. 41) quoted above (so also in *Fuld*). There can be no doubt that Mt iii 13 and Lk iii 23 were in juxtaposition in the Diatessaron, but it still seems doubtful to me whether there was any equivalent to ἀρχόμενος in Lk iii 23 in Syriac before the Harclean Version. Even there it has to be glossed! F. C. B.]
It should be noted that Clement agrees with אBLX in placing the participle immediately after Ἰησοῦς.

QUOTATIONS FROM ST LUKE. 39

iv 1 See on Mt iv 1.
4 See on Mt iv 4.
13 Καὶ ἀπέστη ἀπ' αὐτοῦ εἰς καιρόν· τουτέστιν, ἀνεβάλλετο τὴν εὕρεσιν εἰς τὴν ἀνάστασιν. *Ecl Proph* § 53 (1002).
19 Καὶ ὅτι ἐνιαυτὸν μόνον ἔδει αὐτὸν κηρῦξαι καὶ τοῦτο γέγραπται οὕτως· 'Ενιαυτὸν δεκτὸν κυρίου κηρῦξαι ἀπέστειλέν με. τοῦτο καὶ ὁ προφήτης εἶπεν καὶ τὸ εὐαγγέλιον. *Strom* I xxi 145 (407).
...ἐνιαυτὸς κυρίου δεκτὸς[1], κηρύσσων καὶ κατηχῶν τὴν μεγίστην τοῦ σωτῆρος ἐπιφάνειαν. *Strom* v vi 37 (668).
32 Δύναμις γὰρ οἱ λόγοι τοῦ κυρίου. *Exc ex Theod* § 3 (967).
v 20 See on Mt ix 2
21 =Mc ii 7 Θεῷ γὰρ μόνῳ δυνατὸν ἄφεσιν ἁμαρτιῶν παρασχέσθαι καὶ μὴ λογίσασθαι παραπτώματα. *QDS* § 39 (957).
24 See on Mt ix 6
31 Ὡς δὲ οἱ ὑγιαίνοντες οὐ χρῄζουσιν ἰατροῦ, ... οἱ δὲ νοσοῦντες ἐπιδέονται τῆς τέχνης... *Paed* I ix 83 (147).
vi 5 See on Mt xii 8.
20 Τίνι λαλήσει κύριος· Ὑμῶν ἐστὶν ἡ βασιλεία τῶν οὐρανῶν; *Protr* x 99 (79).
See also on Mt v 3.
22 Καί· Μακάριοί ἐστε ὅταν οἱ ἄνθρωποι μισήσωσιν ὑμᾶς, ∧ ὅταν ἀφορίσωσιν ∧, ὅταν ἐκβάλωσι τὸ ὄνομα ὑμῶν ὡς πονηρὸν ἕνεκα τοῦ υἱοῦ τοῦ ἀνθρώπου. *Strom* IV vi 41 (582).
27–29 See on Mt v 44 and 44 f. Ἤδη δὲ ἀγαπᾶν τοὺς ἐχθροὺς κελεύει ∧ καὶ τοὺς καταρωμένους ἡμᾶς εὐλογεῖν προσεύχεσθαί τε ὑπὲρ τῶν ἐπηρεαζόντων ἡμᾶς. Τῷ τύπτοντί σε, φησίν, εἰς τὴν ∧ σιαγόνα πάρεχε καὶ τὴν ἄλλην, καὶ ἐὰν ἄρῃ σού τις τὸν χιτῶνα μὴ κωλύσῃς καὶ τὸ ἱμάτιον. *Paed* III xii 92 (307).
27 f. Ὅση δὲ καὶ χρηστότης, Ἀγαπᾶτε τοὺς ἐχθροὺς ὑμῶν, λέγει, ∧ εὐλογεῖτε τοὺς καταρωμένους ὑμᾶς, καὶ προσεύχεσθε ὑπὲρ τῶν ἐπηρεαζόντων ὑμῖν καὶ τὰ ὅμοια. οἷς προστίθησιν· Ἵνα γένησθε υἱοὶ κτέ (Mt v 45). *Strom* IV xiv 95 (605).
...ὁ ὑπὲρ τῶν ἐπηρεαζόντων ἡμᾶς προσεύχεσθαι διδάσκων. *Paed* I viii 70 (140).

1 Primum δεκτὸν scriptum esse uidetur, ν autem in ς atramento nondum sicco mutatum est

TISCH. IV v. 13, l. 1 Clem^(eclog 992)] Clem^(eclog 1002)   VI v. 22, ll. 2, 3 υιου ανθρωπου] τον υιον του ανθρωπου   v. 28, l. 14 spectat)]+Clem^605 cf et^807 (προσευχεσθαι τε)   l. 17 ημασ)]+et^605

iv 13 The addition of ὁ *usque ad tempus scilicet passionis* is not parallel to Clement's interpretation. The passage in the Eclogae is corrupt, but the sense seems to be that the devil waited for the Resurrection to see whether Jesus was God or not.
19 Lc ἀπέσταλκέν με...κηρῦξαι ἐνιαυτὸν κυρίου δεκτόν, and so Is lxi 1 except καλέσαι for κηρῦξαι.
32 Resch compares Justin *Ap* i 14, (Migne vi 348) Δύναμις θεοῦ ὁ λόγος αὐτοῦ ἦν.
vi 20 Clement has confused Lc vi 20 with Mt v 3, 10: in Lc there is some evidence (including 69 cf) for the reading τῶν οὐρανῶν instead of τοῦ θεοῦ.
22 Clement has the support of D for the omission of ὑμᾶς after ἀφορίσωσιν. There is no evidence for the omission of ὀνειδίσωσιν, but D a b c ff² l q Cyp^(quater) place ὀνειδ. after ἐκβάλ. instead of before as in other MSS.
27 f. See notes on Mt v 44 f. Clement appears to follow the true text of Mt in omitting the words καλῶς ποιεῖτε τοῖς μισοῦσιν ὑμᾶς. The dative after ἐπηρεαζόντων in (605) is perhaps a mistake, as the accusative is used in (140) and (307).

vi 29 =Mt v 39 f. Τῷ τύπτοντί σε εἰς τὴν ∧ σιαγόνα πάρεχε καὶ τὴν ἄλλην. *Protr* x 108 (85).
Προστέτακται ἡμῖν...τῷ αἴροντι τὸ ἱμάτιον καὶ τὸν χιτῶνα προσδιδόναι. *Strom* IV x 77 (598).

Ναὶ μὴν τὸ τῆς ἀνδρείας πρὸς τὸ εὔθαρσες καὶ τὸ ὑπομονητικὸν παραληπτέον, ὡς τῷ τύπτοντι τὴν σιαγόνα παραταθῆναι[1] τὴν ἑτέραν καὶ τῷ τὸ ἱμάτιον αἴροντι καὶ τοῦ χιτῶνος[2] παραχωρεῖν θυμοῦ κρατοῦντας ἐρρωμένως. *Strom* IV viii 61 (591).
Ὑπόφερε γοῦν, φησί, παιόμενος τὸ πρόσωπον. *QDS* § 18 (945).
30 Γέγραπται· Παντὶ ∧ τῷ αἰτοῦντί σε δίδου. *Strom* III iv 27 (523).

Κρείττων δ' ἐστὶ τούτου ὁ τοῦ κυρίου λελεγμένος ἐν ἄλλῳ χωρίῳ· Παντὶ ∧ τῷ αἰτοῦντί σε δίδου. *QDS* § 32 (953).
[*Strom* VII xii 69 (873).]
31 Ἔστιν μὲν οὖν αὐτόθεν κεφαλαιώδης ὑποθήκη καὶ βιωτικὴ παραίνεσις πάντα ἐμπεριέχουσα· Καθὼς θέλετε ἵνα ποιῶσιν ὑμῖν οἱ ἄνθρωποι, ποιεῖτε καὶ ὑμεῖς[3] αὐτοῖς ∧. *Paed* III xii 88 (304).
[*Strom* II xviii 91 (476).]
35 f. Ναὶ μὴν ὅτι ἀγαθὸς αὐτὸς ὁ θεὸς καὶ πατὴρ τοῦ κυρίου ἡμῶν Ἰησοῦ ὁ αὐτὸς πάλιν ὁμολογήσει λόγος· Ὅτι αὐτὸς χρηστός ἐστιν ἐπὶ τοὺς ἀχαρίστους καὶ πονηρούς. καὶ προσέτι· Γίνεσθε ∧ οἰκτίρμονες, λέγων, καθὼς ∧ ὁ πατὴρ ὑμῶν ∧ οἰκτίρμων ἐστίν. *Paed* I viii 72 (141).
36 Γίνεσθε ∧, φησὶν ὁ κύριος, ἐλεήμονες καὶ οἰκτίρμονες ὡς ∧ ὁ πατὴρ ὑμῶν ὁ οὐράνιος οἰκτίρμων ἐστίν. *Strom* II xix 100 (482).
37 f. =Mt vii 1 f. Μὴ κρῖνε τοίνυν ἵνα μὴ κριθῇς· ᾧ μέτρῳ μετρεῖς, τοῦτο καὶ ἀντιμετρηθήσεταί σοι· μέτρον καλὸν πεπιεσμένον καὶ σεσαλευμένον ∧ ὑπερεκχυνόμενον ἀποδοθήσεταί σοι. *QDS* § 33 (954).
Ἐλεᾶτε[4], φησὶν ὁ κύριος, ἵνα ἐλεηθῆτε·...ὡς δίδοτε, οὕτως δοθήσεται ὑμῖν· ὡς κρίνετε, οὕτως κριθήσεσθε· ὡς χρηστεύεσθε, οὕτως χρηστευθήσεται ὑμῖν· ᾧ μέτρῳ μετρεῖτε, ἀντιμετρηθήσεται ὑμῖν. *Strom* II xviii 91 (476).
39 See on Mt xv 14.
43 Τὸ γάρ· Οὐκ ∧ ἔστι δένδρον καλὸν ποιοῦν καρπὸν σαπρόν, οὐδὲ μὴν δένδρον σαπρὸν ποιοῦν καρπὸν καλόν· κἀνταῦθα ἁρμόσαι[5]. *Paed* II v 45 (195).

1 παραδοθῆναι J. B. Mayor παραθεῖναι uel προταθῆναι I. Bywater 2 χειμῶνος L* χιτῶνος L** 3 καὶ ὑμεῖς fin marg. habet P manu Arethae ad fin. lineae 4 ἐλεεῖτε Dind. 5 ἁρμοστέον M** v. Monet Dindorfius aut ἁρμόσει aut ἁρμόσαι ἄν scribendum esse

TISCH. VI v. 30, l. 4 et⁹⁴⁴] et⁹⁵³ v. 31, l. 4 αυτοισ]+sed και υμεισ sec. man. ut uid. in cod. opt. v. 38, l. 1 Clem⁹⁴⁴] Clem⁹⁵⁴ p. 490, ll. 1, 3 Clem⁹⁴⁴] Clem⁹⁵⁴ l. 9 Mt)]+et⁹⁵⁴ l. 17 Clem⁴⁷⁶] +et⁹⁵⁴

vi 29 In (307) χιτῶνα and ἱμάτιον are given in the order in which they occur in Mt, though the language is Lucan.
31 If, as appears probable, καὶ ὑμεῖς is to be omitted in Clement's quotation, his agreement with B *aff²l* Iren is worthy of note, and his text will coincide exactly with Iren int 243 (vol. ii, p. 182 ed. Harvey) *facite eis*, where ὁμοίως also is omitted as in D 248 *e*.
37 f. μὴ κρῖνε—κριθῇς is from Mt vii 1. In Lc μέτρον καλὸν κτέ precedes ᾧ μέτρῳ κτέ: the same inversion is found in Or I 280 (*Exh ad Mart* § 10) and Eus *in Psalm* 88, 4 (Migne xxiii 1076). On the passage from (476) see note on Mt v 7.

QUOTATIONS FROM ST LUKE. 41

vi 44 =Mt vii 16 Ἀπὸ δὲ τῶν καρπῶν τὸ δένδρον, οὐκ ἀπὸ τῶν ἀνθῶν καὶ πετάλων, γνωρίζεται. *Strom* III v 44 (531).

Καὶ ἡμεῖς μὲν ἐξ ἀκανθῶν τρυγῶμεν σταφυλὴν καὶ σῦκα ἀπὸ βάτων. *Paed* II viii 74 (215).

45 Cp. Mt xii 35 Θησαυροὺς δέ γε ὁ κύριος οἶδε διττούς, τὸν μὲν ἀγαθόν· Ὁ γὰρ ἀγαθὸς ἄνθρωπος ἐκ τοῦ ἀγαθοῦ θησαυροῦ τῆς καρδίας ∧ προφέρει τὸ ἀγαθόν· τὸν δὲ πονηρόν· Ὁ γὰρ κακὸς ἐκ τοῦ κακοῦ θησαυροῦ ∧ προφέρει τὸ κακόν· ὅτι ἐκ ∧ περισσεύματος τῆς καρδίας τὸ στόμα ∧ λαλεῖ. *QDS* § 17 (944).

46 Τί ∧ με λέγετε Κύριε κύριε, φησί, καὶ οὐ ποιεῖτε ἃ λέγω; *Strom* IV vii 43 (583).

Τίς οὗτος; ὁ εἰπών· Τί ∧ με λέγετε Κύριε ∧, καὶ οὐ ποιεῖτε τὸ θέλημα τοῦ πατρός μου; *Strom* VII xvi 104 (896). Cp. Mt vii 21.

Τοιούτοις τισὶν ὁ κύριος λέγει· Τί ∧ με λέγετε Κύριε κύριε, καὶ οὐ ποιεῖτε ἃ λέγω; *Strom* VII xviii 110 (901).

Καὶ· Τί ∧ με λέγετε Κύριε κύριε, καὶ οὐ ποιεῖτε ἃ λέγω; *QDS* § 29 (952).

vii 20, =Mt xi 3—6 ...ὡς ἐκεῖνο εἴρηται πρὸς τοὺς ἐρομένους τὸν κύριον εἰ αὐτὸς εἴη[1] ὁ χριστός,
22 f. ἢ ἄλλον περιμένομεν; Ἀπέλθετε καὶ εἴπατε Ἰωάννῃ ∧ Τυφλοὶ ἀναβλέπουσιν, ∧ κωφοὶ ἀκούουσιν, λεπροὶ καθαρίζονται, ἀνίστανται νεκροί· ∧ καὶ μακάριός ἐστιν ὃς ἐὰν μὴ σκανδαλισθῇ ἐν ἐμοί. *Paed* I x 90 (151).

25 Ἐπισκώπτων γοῦν τοὺς τοῖς μαλακοῖς ἠμφιεσμένους ἱματίοις ἐν τῷ εὐαγγελίῳ λέγει· Ἰδοὺ οἱ ἐν ἱματισμῷ ἐνδόξῳ καὶ ἐν τρυφῇ διάγοντες ἐν τοῖς βασιλείοις εἰσί· τοῖς ἐπιγείοις βασιλείοις λέγει, τοῖς φθαρτοῖς. *Paed* II x 109 (235).

28 Τούτῳ προσμαρτυρεῖ τῷ παιδίῳ καὶ Ἰωάννης ὁ μείζων ἐν γεννητοῖς γυναικῶν προφήτης. *Paed* I v 24 (112). See also on Mt xi 11.

32 See on Mt xi 16 f.

36 f. See on Mt xi 18 f.

37—47 Οἶδ' ὅτι ἀλάβαστρον μύρου παρὰ τὸ δεῖπνον τὸ ἅγιον κομίσασα ἡ γυνὴ τοὺς πόδας ἤλειφεν τοῦ κυρίου καὶ ἦσεν αὐτόν ... ἀλλ' ἡ μὲν γυνὴ μηδέπω τοῦ λόγου μεταλαβοῦσα, ἔτι γὰρ ἦν ἁμαρτωλός, ὅπερ ἡγεῖτο τὸ κάλλιστον εἶναι παρ' αὐτῇ, τὸ μύρον[2], τούτῳ[3] τετίμηκε τὸν δεσπότην, ἀμέλει καὶ τῷ κόσμῳ τοῦ σώματος, ταῖς θριξὶ ταῖς ἑαυτῆς, ἀπεψᾶτο τὸ περιττὸν τοῦ μύρου ἐπισπένδουσα τῷ κυρίῳ μετανοίας δάκρυα. διὰ τοῦτο ἀφέωνται[4] αὐτῆς αἱ ἁμαρτίαι. *Paed* II viii 61 (205).

1 εἴη F εἰ M (hiat P)   2 μύρον P*   3 τούτῳ ex τοῦτο factum P   4 ἀφέωνται in ἀφίενται correctum manu Arethae P

TISCH. VI v. 44, l. 8 al pauc]+Clem[215]   v. 45, l. 1 κB]+Clem[944]   l. 5 αρ>]+(Clem ο γαρ κακοσ)   l. 9 item] pr item Clem εκ του κακου θησαυρου,   l. 13 plus[20]]+Clem   l. 7 a fin pler]+Clem   l. 5 a fin cop]+Clem   l. 2 a fin aeth]+Clem   v. 46, l. 2 et[42]] et[262]   l. 3 λεγω)]+et[896]   VII v. 20, l. 10 et B.]+Clem[161]   v. 22, l. 7 Bas[sel]]}+(Clem[151] απελθετε και ειπατε ιωαννη τυφλοι κτε)   l. 16 q]+Clem   l. 7 a fin E]+Clem   ad fin Mt]+|Clem om πτω. ευαγγ.   v. 23, l. 1 pler]+Clem

vi 45 Note that Clement agrees with אB in not inserting αὐτοῦ either before or after τῆς καρδίας (1° loco).

vii 23 Ephr *Diat* (Moes. p. 100) omits the clause πτωχοὶ εὐαγγελίζονται [as also do k and syr.*sin* in Mt. F. C. B.]

25 διάγοντες. So DKII 15 minuscules and perhaps d for ὑπάρχοντες. Dindorf punctuates as if τοῖς ἐπιγείοις were part of the quotation, but there is no evidence for this addition.

37—47 In Lc the woman washes Christ's feet with her tears, and wipes away the tears, not the ointment, with her hair. In Jn xii 3 Mary anoints his feet and wipes them with her hair. Clement has combined the two passages.

vii 48 See on Mt ix 2.
viii 5 ff. See on Mt xiii 3 ff.
16 See on Mt v 15.
17 See on Mt x 26.
21 See on Mt xii 50.
48ᵇ See on Mc v 34ᵇ.
ix 25 See on Mt xvi 26.
27 =Mt xvi 28=Mc ix 1 Ἄλλως τε ἐχρῆν κἀκεῖνον πληρωθῆναι τὸν λόγον τοῦ σωτῆρος ὃν εἶπεν¹· Εἰσί τινες τῶν ὧδε ἑστηκότων οἳ οὐ μὴ γεύσονται θανάτου ἕως ἂν ἴδωσι τὸν υἱὸν τοῦ ἀνθρώπου ἐν δόξῃ. *Exc ex Theod* § 4 (967).
28 ff. See on Mt xvii 1 ff.
35 See on Mc ix 7.
[54 f. Ταῦτά τοι καὶ ὁ κύριος πρὸς τοὺς ἀποστόλους, εἰπόντας ἐν πυρὶ κολάσαι τοὺς μὴ δεξαμένους αὐτοὺς κατὰ τὸν Ἠλίαν, Οὐκ οἴδατε, φησί, ποίου πνεύματός ἐστε; *Fragm apud Macarium Chrysoceph orat* VIII *in Matth*; Zahn *Forsch* iii 51 (1019).]
58 See on Mt viii 20.
60 See on Mt viii 22.
62 Οὐδεὶς γὰρ εἰς τὰ ὀπίσω βλέπων καὶ ἐπιβάλλων τὴν χεῖρα αὐτοῦ ἐπ' ἄροτρον εὔθετος ∧ τῇ βασιλείᾳ τοῦ θεοῦ. *Strom* VII xvi 93 (889).
...μηκέτι βλέπειν εἰς τὰ ὀπίσω. *QDS* § 39 (957).
x 2 See on Mt ix 37.
4 Μὴ βαστάζετε γάρ, εἶπεν ὁ κύριος, βαλλάντιον, μὴ πήραν μηδὲ ὑπόδημα....μὴ ὑποζύγια καὶ οἰκέτας πολυπραγμονεῖτε, οἵτινες ὑποδήματα... ἀλληγορικῶς εἴρηνται. *Paed* III vii 38 (276, 277).
7 See on Mt x 10.
12 See on Mt x 15.
16 Cp. Mt x 40. Ὁ ὑμᾶς δεχόμενος ἐμὲ δέχεται, ὁ ὑμᾶς μὴ δεχόμενος ἐμὲ ἀθετεῖ. *QDS* § 30 (952).
19 ...εἰληφότας ἐξουσίαν τέκνα θεῷ γενέσθαι καὶ ἐπάνω ὄφεων καὶ σκορπίων περιπατεῖν, κυριεύειν τε καὶ δαιμόνων καὶ τῆς τοῦ ἀντικειμένου στρατιᾶς. *Strom* IV vi 26 (575).

¹ εἶπον Dind.
TISCH. IX p. 535, l. 4 ερχομενον]+(Or om)

ix 27 It is impossible to say from which Gospel Clement is quoting: Tischendorf gives his readings in the notes on Mt xvi 28. I have referred the passage to Lc, because of the resemblance of Clement's readings to those of D (syr.*crt*) and Origen: the true text of the latter has ἕως ἂν ἴδωσι τὸν υἱὸν τοῦ ἀνθρώπου ἐν τῇ δόξῃ αὐτοῦ (*Comm in Joh* xx 43 ed Brooke ii, p. 103). The evidence of Origen is specially important, as he quotes the verse in full from all three Gospels.
54 f. It is more than doubtful whether this passage, recognising the Western and Syrian additions in these verses, is really taken from Clement; it is more probably a comment of Mac. Chrys. Tisch. on Lc ix 55 says: 'At mihi dubium uidetur, extrema eius loci uerba sintne et ipsa ex Clem. excerpta.' See also Zahn *l.c.*
62 Clement's agreement with D *a b c e q* Cyp ²/₂ is very worthy of notice: it should also be remarked that he follows the Latin versions in supporting the Neutral reading τῇ βασιλείᾳ, where D diverges. Irenaeus 38 (vol. i, p. 71 ed Harvey) (Valentiniani), quoted by Resch, places βλέπων after εἰς τὰ ὀπ.
x 4 The sing. ὑπόδημα is unsupported and, in view of the interpretation afterwards given by Clement, appears to be due to an error in the transmission of the text.

QUOTATIONS FROM ST LUKE. 43

Ὁ γὰρ εἰς θεὸν βαπτισθεὶς ... εἴληφεν ἐξουσίαν ἐπάνω σκορπίων καὶ ὄφεων περιπατεῖν, τῶν δυνάμεων τῶν πονηρῶν. *Exc ex Theod* § 76 (987).

x 21 = Mt xi 25 f. Ἀγαλλιασάμενος γοῦν ἐν τῷ πνεύματι ‸ Ἰησοῦς[1], Ἐξομολογοῦμαί σοι, πάτερ, φησίν, ὁ θεὸς τοῦ οὐρανοῦ καὶ τῆς γῆς, ὅτι ἀπέκρυψας ταῦτα ἀπὸ σοφῶν καὶ συνετῶν, καὶ ἀπεκάλυψας αὐτὰ νηπίοις ...ναί, ὁ πατήρ, ὅτι οὕτως εὐδοκία ἐγένετο ἔμπροσθέν σου. *Paed* ι vi 32 (117).

22 See on Mt xi 27.
23 f. See on Mt xiii 16 f.

5 f., 28 = xviii 18, 20 = Mc x 17, 19 Ναὶ μὴν καὶ πρὸς τὸν πυθόμενον· Τί ποιήσας ζωὴν αἰώνιον κληρονομήσω; Τὰς ἐντολὰς οἶδας, ἀπεκρίνατο· τοῦ δὲ καταφήσαντος, Τοῦτο ποίει, φησίν, καὶ σωθήσῃ. *Paed* ιιι xii 88 (304).

27 See on Mc xii 30 f., and on Mt xxii 37, 39.

29–37 Πυνθανομένου δὲ τοῦ προσδιαλεγομένου τίς ἐστιν ‸ πλησίον; ...ἄνωθεν καταβαίνων[2] ἀπὸ Ἰερουσαλὴμ ἄγει τῷ λόγῳ τινὰ εἰς Ἰεριχώ, καὶ τοῦτον δείκνυσιν ὑπὸ λῃστῶν συγκεκεντημένον, ἐρριμμένον ἡμιθνῆτα ἐπὶ τῆς ὁδοῦ, ὑπὸ ἱερέως παροδευόμενον, ὑπὸ Λευίτου παρορώμενον, ὑπὸ δὲ τοῦ Σαμαρείτου τοῦ ἐξωνειδισμένου καὶ ἀφωρισμένου κατελεούμενον, ὃς οὐχὶ κατὰ τύχην ὡς ἐκεῖνοι παρῆλθον, ἀλλ' ἧκε συνεσκευασμένος ὤν[3] ὁ κινδυνεύων ἐδεῖτο, οἶνον, ἔλαιον, ἐπιδέσμους, κτῆνος, μισθὸν τῷ πανδοχεῖ, τὸν μὲν ἤδη διδόμενον, τὸν δὲ προσυπισχνούμενον. Τίς, ἔφη, τούτων γέγονε πλησίον τῷ τὰ δεινὰ παθόντι; τοῦ δὲ ἀποκριναμένου ὅτι Ὁ τὸν ἔλεον πρὸς αὐτὸν ἐπιδειξάμενος· Καὶ σὺ τοίνυν πορευθεὶς οὕτω ποίει· ὡς τῆς ἀγάπης βλαστανούσης εὐποιίαν. *QDS* § 28 (951).

39–42 Ὁποῖόν τι καὶ πρὸς τὴν Μάρθαν εἶπεν ὁ σωτὴρ ἀσχολουμένην πολλὰ καὶ περιελκομένην καὶ παραταρασσομένην[4] διακονικῶς, τὴν δὲ ἀδελφὴν αἰτιωμένην ὅτι τὸ ὑπηρετεῖν ἀπολιποῦσα τοῖς ποσὶν αὐτοῦ παρακάθηται μαθητικὴν ἄγουσα σχολήν· Σὺ περὶ

1 ὁ Ἰησοῦς edd (non autem *v*)   2 Legendum ut uid. καταβαίνοντα   3 ὧν 8
4 παραταασσομένην 8

TISCH. x v. 21, l. 3 o ἴσ] *dele* o   p. 554, l. 9 πατηρ] πατερ   v. 27, l. 2 a fin Clem⁹⁴¹] Clem⁹⁵¹
v. 41, l. 2 a fin Clem⁹³¹] Clem⁹⁴¹   l. ult. *dele* αν   v. 42, l. 8 Clem⁹³¹] Clem⁹⁴¹   l. 12 Clem⁹²¹]
Clem⁹⁴¹   p. 561, l. 2 q]+Clem⁹⁴¹   l. 4 *dele* Clem⁹⁵¹

x 19 There appears to be no evidence for περιπατεῖν which Clement has twice. Justin *Dial c. Tryph* 76 (Migne vi 653) has καταπατεῖν.

21 ἀγαλλιασάμενος shows this quotation to be from Lc not Mt. Clement omits τῷ ἁγίῳ after πνεύματι with the Syrian Text (including A *f q*). The best supported reading omits ὁ Ἰησοῦς: there is no evidence for Ἰησοῦς without the article; probably in Clement the insertion of the name is due to the context, and should not be looked on as part of the quotation. Ephr *Diat* (Moes. p. 116) has: 'and that it saith, thee, heavenly Father; the Greek saith, *I thank thee, God (the) Father, Lord of heaven and earth.*' Except for this I know of no evidence in support of ὁ θεός.

25 f., 28 τὰς ἐντολὰς οἶδας Mc x 19, Lc xviii 20. A few minuscules have σωζῃ for ζήσῃ in Lc x 28.

29—37 The following points should be noticed in Clement's loose paraphrase of this passage.   v. 31 With Clement's κατὰ τύχην cp. D κατατυχα.   v. 36 Clement supports the best text of Lc in omitting οὖν after τίς. He does not follow D *e* in the change of construction they introduce into this verse, but agrees with (D) *a* in omitting των τριων (*e* has *ex his duobus*), cp. also Ephr *Diat* (Moes. p. 195) "Which of them, thinkest thou, was neighbour to the wounded man?"   v. 37 At the end of the verse ℵ has ουτως for ομοιως.

πολλὰ ταράσσῃ, ˰ Μαρία δὲ τὴν ἀγαθὴν μερίδα ἐξελέξατο, καὶ οὐκ ἀφαιρεθήσεται ˰ αὐτῆς. QDS § 10 (941).

xi 2 See on Mt vi 9 and 10.
4 =Mt vi 12 ...διὸ καὶ δικαίως εὔχεται (sc ὁ γνωστικὸς), Ἄφες ἡμῖν ˰, λέγων, καὶ γὰρ ἡμεῖς ἀφίεμεν. Strom VII xiii 81 (881).
7 Οὗτοί εἰσιν τὰ παιδία τὰ ἤδη ἐν τῇ κοίτῃ συναναπαυόμενα. Exc ex Theod § 86 (989).
9 f. See on Mt vii 7 f.
13 See on Mt vii 11.
24 ff. See on Mt xii 44 f.
27 [Paed I vi 41 (123).]
33 See on Mt v 15.
34 See on Mt vi 22.
40 ...ἐναντιοῦνται δὲ καὶ τῷ Χριστῷ πρὸς τοὺς Φαρισαίους εἰρηκότι τὸν αὐτὸν θεὸν καὶ τὸν ἐκτὸς ἡμῶν καὶ τὸν ἔσω ἄνθρωπον πεποιηκέναι. Strom III iv 34 (526).
43 ...Οὐαὶ ὑμῖν, Φαρισαῖοι, λέγων, ὅτι ἀγαπᾶτε τὴν πρωτοκαθεδρίαν ἐν ταῖς συναγωγαῖς καὶ τοὺς ἀσπασμοὺς ἐν ταῖς ἀγοραῖς ˰. Paed III xii 93 (307).
46 Τὰ δυσβάστακτα φορτία. Strom VI vi 44 (762).
49 [Ecl Proph § 16 (993); § 23 (994).]

xii 2 See on Mt x 26
3 [Strom VI xv 115 (798).]
5 Φοβήθητε γοῦν λέγει τὸν μετὰ θάνατον δυνάμενον καὶ ψυχὴν καὶ σῶμα εἰς ˰ γέενναν βαλεῖν. Exc ex Theod § 14 (972).
See also on Mt x 28.
7 =Mt x 30 Ἀλλὰ καὶ αἱ τρίχες τῆς κεφαλῆς ὑμῶν πᾶσαι ἠριθμημέναι, φησὶν ὁ κύριος· ἠρίθμηνται δὲ καὶ[1] ἐπὶ τῷ γενείῳ κτέ. Paed III iii 19 (263).
Ἀλλ' αἱ μὲν τρίχες ἠρίθμηνται καὶ τὰ εὐτελῆ κινήματα[2]· φιλοσοφία δὲ πῶς οὐκ ἐν λόγῳ; Strom VI xvii 153 (819).

1 lege καὶ αἱ ἐπὶ   2 τὰ εὐτελῆ στρουθίων κινήματα J. B. Mayor τὰ εὐτελῆ κτήματα I. Bywater

TISCH. XI v. 7, p. 585, ll. 2, 3 Clem^(theodot 979) Clem^(theodot 989)   XII v. 5, l. 9 Clem^(962) Clem^(972)

x 39—42 The parallel with Macar. de oratione c. 14 (p. 68 ed Pritius) (quoted by Resch ad loc.) τῆς μὲν Μάρθας περὶ τὴν διακονίαν ἀσχολουμένης is remarkable. In vv. 41 f. Clement's text should be very carefully compared with that found in the Western documents. The simplest form of the Western text is found in e martha martha maria bonam partem elegit quae non auferetur ei: a b ff² i agree with e except optimam a b ff² i; sibi eligit a, elegit sibi b i; illi b i; ab ea ff²; syr.sin "Martha, Martha, Mary hath chosen for herself the good part, which shall not be taken away from her." d has martha martha turbas te maria bonam partem elegit quae non auferetur ab ea: here we notice that ab ea is the reading of the Vulgate which follows AC and the mass of Greek MSS while ℵ*BD^(gr)L a b e i l q omit the preposition: turbas te, corresponding to which D has θορυβάζῃ, is curious; one might suggest that it has arisen from a transliteration of τυρβάζῃ: probably Codex Bezae has deviated from the older Western text on which it is founded by inserting a verb after martha: if the same text underlay the MS used by Clement, it would seem to have deviated in a similar way, though more under the influence of the Non-Western text. Clement clearly supports the omission, or perhaps non-interpolation, by a strong Western group (including D a b c e ff² i), of the sentence preceding Μαρία though he differs from it in inserting δὲ after Μαρία. It should further be noticed that καὶ would be an easier corruption of the Bezan η than of the ητις of all other MSS.

QUOTATIONS FROM ST LUKE. 45

xii 8 f. Περὶ δὲ τοῦ μαρτυρίου διαρρήδην ὁ κύριος εἴρηκεν, καὶ τὰ διαφόρως γεγραμμένα συντάξω-
μεν[1]. Λέγω δὲ ὑμῖν ∧, πᾶς ὃς ἐὰν ὁμολογήσῃ ἐν ἐμοὶ ἔμπροσθεν τῶν
ἀνθρώπων καὶ ὁ υἱὸς τοῦ ἀνθρώπου ὁμολογήσει ἐν αὐτῷ ἔμπροσθεν τῶν
ἀγγέλων τοῦ θεοῦ· τὸν δὲ ἀρνησάμενόν με ἐνώπιον τῶν ἀνθρώπων
ἀπαρνήσομαι αὐτὸν ἔμπροσθεν τῶν ἀγγέλων ∧. *Strom* IV ix 70 (595).
See also on Mt x 32f.

11 f. Ὅταν δὲ φέρωσιν ὑμᾶς εἰς τὰς συναγωγὰς καὶ τὰς ἀρχὰς καὶ τὰς ἐξουσίας,
μὴ προμεριμνᾶτε πῶς ∧ ἀπολογηθῆτε ἢ τί εἴπητε· τὸ γὰρ ἅγιον πνεῦμα
διδάξει ὑμᾶς ἐν αὐτῇ τῇ ὥρᾳ τί δεῖ εἰπεῖν. *Strom* IV ix 70 (595).
[*Strom* IV ix 73 (596).]

15 Καὶ τὰ μὲν τῆς ἐντολῆς ὧδε ἔχει κατὰ λέξιν· Φυλάσσεσθε τοίνυν ἀπὸ πάσης ∧ πλεον-
εξίας, ὅτι οὐκ ἐν τῷ περισσεύειν τινὶ τὰ ὑπάρχοντά ἐστιν ἡ ζωὴ αὐτοῦ.
Strom IV vi 34 (578).

16–20 Τούτου (i.e. of the man rich in this world) τὴν χώραν εὐφορῆσαι, λέγει ἐν τῷ εὐαγγελίῳ
ὁ κύριος, ἔπειτα τοὺς καρποὺς ἀποθέσθαι βουληθέντα οἰκοδομησόμενον ἀποθήκας
μείζονας κατὰ τὴν προσωποποιίαν εἰπεῖν πρὸς ἑαυτόν· ∧ Ἔχεις ἀγαθὰ πολλὰ
ἀποκείμενά σοι εἰς ἔτη πολλά· ∧ φάγε, πίε, εὐφραίνου· Ἄφρον οὖν, ἔφη,
ταύτῃ γὰρ τῇ νυκτὶ τὴν ψυχήν σου ἀπαιτοῦσιν ἀπὸ σοῦ· ἃ οὖν ἡτοίμασας,
τίνι γένηται; *Strom* III vi 56 (537).

18–20 Σαφῶς δὲ ὁ κύριος ἐν τῷ εὐαγγελίῳ τὸν πλούσιον[2] τὸν θησαυρίζοντα εἰς τὰς ἀποθήκας καὶ
πρὸς ἑαυτὸν λέγοντα· ∧ Ἔχεις ἀγαθὰ πολλὰ ἀποκείμενα ∧ εἰς ἔτη πολλά·
∧ φάγε, πίε, εὐφραίνου· ἄφρονα κέκληκεν· Ταύτῃ γὰρ τῇ νυκτὶ τὴν ψυχήν
σου παραλαμβάνουσιν· ἃ οὖν ἡτοίμασας, τίνος γένηται; *Paed* II xii 125
(246).

1 συντάξομεν *v* edd   2 om τὸν πλούσιον F* sed suppl. F**

Tisch. XII v. 15, p. 582, l. 5 τινα(τινι?)] τινι.   v. 19, l. 1 m⁹²]+Clem²⁴⁶ et⁵³⁷ ut uid.   v. 20,
l. 5 Clem⁵³⁷]+(cf et²⁴⁶ τὴν ψ. σ. παραλαμβάνουσιν)   l. 13 auferetur]+cf Clem²⁴⁶ παραλαμβανουσιν
l. 14 Clem⁵³⁷] Clem⁵⁷⁸   l. 3 a fin Cyp^ter] pr Clem²⁴⁶ et⁵³⁷   Clem⁵³⁷]+et⁵⁷⁸   l. ult. ad fin
Cyp]+ | εσται: Clem^ter γενηται

xii 11 f. The close agreement with the Greek of D and with *b* is remarkable. The quotations
in (595) may perhaps have been copied by Clement straight from his codex of
the Gospels.

15 Resch *ad loc.* remarks that Clement's text gives a clearer sense than the text of Lc.
The reading of *c* should be noted: *quia non in obaudiencia* [lege *abundantia*]
substanciae alicui est uita sua ex his quae possidet. If the last four words are a
later addition to the original translation represented in *c*, this version gives us an
exact translation of the text found in Clement. We may also perhaps compare
the Sahidic version: on this Mr F. Robinson writes to me "Text in Sahidic
seems corrupt. If we emend it, we may read with fair probability 'For if the
goods of (any) one increase, he will not find his life from them.'"

16—20 It seems reasonable to conclude that Clement's text omitted the voc. ψυχή in v. 19,
as do the most important Old Latin MSS. Syr.*crt-sin* substitute *behold* for it.
It should be noted that Clement does not support the omission of κείμενα—πίε
(D *a b c e* Leo; not *i*, which has *habes multa bona in annos multos aepulare*;
with this cp. *ff*² *habes multa bona, epulare in annos multos*). To Tischendorf's
authorities for *a ουν* in v. 20 *a* should be added. *ff*² according to Bianchini and
Belsheim has *cuius* not *cui* as Tischendorf implies. [Serapion *adv. Manich.*
Migne xl 917 omits ἀναπαύου. J. A. R.]

5

xii 20 Ἄφρον γὰρ, οὕτως ἔφη, ὅτι τῇ νυκτὶ ταύτῃ ἀπαιτοῦσί σου τὴν ψυχήν· ἃ δὲ ἡτοίμασας αὐτῇ, τίνι γένηται; Strom IV vi 34 (578).

22 f. =Mt vi 25 Αὐτὸς...ὁ κύριος...παιδαγωγεῖ...τὴν ψυχήν, Μὴ μεριμνᾶτε, λέγων, τῇ ψυχῇ ὑμῶν τί φάγητε, μηδὲ τῷ σώματι ὑμῶν τί ἐνδύσησθε· ἡ γὰρ ψυχὴ πλείων ἐστὶ τῆς τροφῆς καὶ τὸ σῶμα τοῦ ἐνδύματος. Paed II x 102 (231).

Διὰ τοῦτο λέγω· μὴ μεριμνᾶτε τῇ ψυχῇ ὑμῶν τί φάγητε¹, μηδὲ τὸ σῶμα τί² ∧ περιβάλητε· ἡ γὰρ ψυχὴ πλείων ἐστὶ τῆς τροφῆς καὶ τὸ σῶμα τοῦ ἐνδύματος. Strom IV vi 34 (579).

Οὐ χρὴ τοίνυν τῆς ἐσθῆτος πρὸ τῆς τοῦ σώματος σωτηρίας κήδεσθαι. Strom I x 48 (344).

24 Κατανοήσατε τοὺς κόρακας ὅτι οὐ σπείρουσιν οὐδὲ θερίζουσιν, οἷς οὐκ ἔστι ταμιεῖον καὶ ἀποθήκη, καὶ ὁ θεὸς τρέφει αὐτούς· οὐχ ὑμεῖς διαφέρετε τῶν πτηνῶν; Paed II x 102 (231).

24 =Mt vi 26 Ὁ γὰρ καὶ τὰ πτηνὰ καὶ τὰ νηκτὰ καὶ συνελόντι εἰπεῖν τὰ ἄλογα ζῷα διατρέφων εἷς ἐστὶν ὁ θεός· λείπει δὲ αὐτοῖς οὐδὲ ἓν ὁτιοῦν μὴ μεριμνῶσι τροφῆς· ἡμεῖς δὲ καὶ τούτων ἀμείνους. Paed II i 14 (173).

25 See on Mt vi 27.

27-31 =Mt vi 28—33 Ὁμοίως δὲ καὶ περὶ ἐσθῆτος παρεγγυᾷ,...Κατανοήσατε, λέγων, τὰ κρίνα ∧ πῶς οὔτε νήθει οὔτε ὑφαίνει· λέγω δὲ ὑμῖν ὅτι οὐδὲ Σαλαμών³ ∧ περιεβάλετο ὡς ἓν τούτων...εἰ δὲ τὸν χόρτον σήμερον ἐν ἀγρῷ ὄντα καὶ αὔριον εἰς κλίβανον βαλλόμενον ὁ θεὸς οὕτως ἀμφιέννυσι, πόσῳ μᾶλλον ὑμᾶς, ὀλιγόπιστοι; καὶ ὑμεῖς μὴ ζητεῖτε τί φάγητε ἢ τί πίητε...Μὴ γὰρ ζητεῖτε τί φάγητε ἢ τί πίητε, εἰπὼν ἐπήγαγεν, καὶ⁴ μετεωρίζεσθε...ταῦτα δὲ πάντα τὰ ἔθνη τοῦ κόσμου ζητεῖ...περὶ δὲ ψιλῆς τῆς προφῆς τῆς τε ξηρᾶς καὶ τῆς ὑγρᾶς ὡς ἀναγκαίων οὐσῶν, Οἶδε, ∧ φησίν, ὁ πατὴρ ὑμῶν ὅτι χρῄζετε ...∧ Ζητεῖτε γάρ, φησί, τὴν βασιλείαν τοῦ θεοῦ, καὶ τὰ τῆς προφῆς προστεθήσεται ὑμῖν. Paed II x 102, 103 (231, 232).

30 f. =Mt vi 32 f. Καὶ πάλιν· Οἶδεν γὰρ ὁ πατὴρ ὑμῶν ὅτι χρῄζετε τούτων ἁπάντων· ∧ ζητεῖτε δὲ πρῶτον τὴν βασιλείαν τῶν οὐρανῶν καὶ τὴν δικαιοσύνην, ταῦτα γὰρ μεγάλα, τὰ δὲ μικρὰ καὶ περὶ τὸν βίον ταῦτα προστεθήσεται ὑμῖν. Strom IV vi 34 (579).

∧ Ζητεῖτε γάρ, εἶπεν, καὶ μεριμνᾶτε τὴν βασιλείαν τοῦ θεοῦ, καὶ ταῦτα πάντα προστεθήσεται ὑμῖν· οἶδεν γὰρ ὁ πατὴρ ὧν χρείαν ἔχετε. Ecl Proph § 12 (992).

31 =Mt vi 33 ∧ Ζητεῖτε πρῶτον τὴν βασιλείαν τῶν οὐρανῶν, καὶ ταῦτα πάντα προστεθήσεται ὑμῖν. Paed II xii 120 (242).

1 φάγεται L* sed prima, ut uidetur, manu in φάγητε correctum dubio τῷ σώματι τί: ita et Potterus   3 σαλαμὼν P* σολομὼν P**   2 Legendum est procul 4 καὶ μὴ F v edd

TISCH. XII v. 29, l. 3 μη]+ (om Clem²³²)

xii 27—31 Clement either confused Mt and Lc in his quotations of these verses, or else he used a codex into the text of which harmonistic alterations had been largely introduced, as they have in many authorities still preserved to us. With (579) cp. Strom I xxiv 158 (416) and see Resch *Agrapha* 114 f. With ὧν χρείαν ἔχετε in (992) cp. Justin *Ap* i 15 (Migne vi 352) quoted by Resch *ad loc*.

QUOTATIONS FROM ST LUKE.

xii 32 Μὴ φοβεῖσθε, τὸ μικρὸν ποίμνιον· ὑμῖν γὰρ ηὐδόκησεν ὁ πατὴρ ∧ παραδοῦναι τὴν βασιλείαν τῶν οὐρανῶν. *QDS* § 31 (953).

33 Οὗτός ἐστι τῷ ὄντι βαλλάντιον μὴ παλαιούμενον, ἐφόδιον ζωῆς ἀιδίου, θησαυρὸς ἀνέκλειπτος ἐν οὐρανῷ. *Strom* ιν vi 33 (578).

34 See on Mt vi 21.

35–37 Ἐπεγερτικῶς οὖν ἀπονυστακτέον. Ἕστωσαν γὰρ, φησὶν, ὑμῶν αἱ ὀσφύες[1] περιεζωσμέναι καὶ οἱ λύχνοι καιόμενοι, καὶ ὑμεῖς ὅμοιοι ἀνθρώποις προσδεχομένοις τὸν κύριον αὐτῶν πότε ἀναλύσει[2] ἐκ τῶν γάμων, ἵνα ἐλθόντος καὶ κρούσαντος ἀνοίξωσιν εὐθέως αὐτῷ. μακάριοι οἱ δοῦλοι ἐκεῖνοι, οὓς ἐλθὼν ὁ κύριος ἐγρηγορότας εὕρῃ. *Paed* ιι ix 79 (218).

48 Ὧι πλεῖον ἐδόθη, οὗτος καὶ ἀπαιτηθήσεται. *Strom* ιι xxiii 147 (507).

49 Περὶ τοιαύτης δυνάμεως καὶ ὁ σωτὴρ λέγει· ∧ Πῦρ ἦλθον βαλεῖν ἐπὶ τὴν γῆν. *Ecl Proph* § 26 (996).

58 Ἤδη δὲ καὶ ὁ σωτὴρ αὐτός...τὸ μισεῖν καὶ τὸ λοιδορεῖν κεκώλυκεν καί, Μετὰ τοῦ ἀντιδίκου βαδίζων φίλος αὐτοῦ πειράθητι ἀπαλλαγῆναι, φησίν. *Strom* ιιι iv 36 (527).

Τοῦτο τὸ σαρκίον ἀντίδικον ὁ σωτὴρ εἶπεν...καὶ ἀπηλλάχθαι ∧ αὐτοῦ παραινεῖ κατὰ τὴν ὁδόν, μὴ τῇ φυλακῇ περιπέσωμεν καὶ τῇ κολάσει· ὁμοίως δὲ καὶ εὐνοεῖν αὐτῷ. *Exc ex Theod* § 52 (981, 982).

[*QDS* § 40 (958).]

xiii 8 [*Strom* ιι xviii 95 (479).]

19 See on Mt xiii 31.

20 f. See on Mt xiii 33.

32 Ὡσαύτως καὶ ἐπὶ τοῦ Ἡρώδου· Ὑπάγετε, εἴπατε τῇ ἀλώπεκι ταύτῃ· Ἰδοὺ ἐκβάλλω δαιμόνια καὶ ἰάσεις ἀποτελῶ σήμερον καὶ αὔριον καὶ τῇ τρίτῃ ∧ τελειοῦμαι. *Strom* ιν vi 31 (577).

34 See on Mt xxiii 37.

iv 8, 10 Λέγει γοῦν πῇ μέν· Ὅταν κληθῇς ∧ εἰς γάμους, μὴ κατάκεισο εἰς τὴν πρωτοκλισίαν, ἀλλ' ὅταν κληθῇς ∧, εἰς τὸν ἔσχατον τόπον ἀνάπιπτε. *Paed* ιι i 4 (165).

11 =xviii 14. Ὁ γὰρ[3] ταπεινῶν ἑαυτὸν ὑψωθήσεται, καὶ ὁ ὑψῶν ἑαυτὸν ταπεινωθήσεται. *Paed* ιιι xii 92 (306).

Πᾶς ὁ ταπεινῶν ἑαυτὸν ὑψωθήσεται. *Strom* ιι xxii 132 (499).

12 f. Πῇ δέ· Ὅταν ποιῇς ἄριστον ἢ δεῖπνον· καὶ πάλιν· Ἀλλ' ὅταν ποιῇς δοχὴν, κάλει τοὺς πτωχούς. *Paed* ιι i 4 (165).

    1 ὀσφύες F   2 ἀναλύσῃ F*   3 γὰρ supra lin. manu Arethae P

TISCH. XII v. 32, l. 1 al mu]+Clem[953]   l. 4 Epiph[314 et335]+Clem[953]   v. 36, l. 5 ore] ποτε v. 48, l. 9 και πλειον] dele πλειον   v. 49, l. 2 Clem[eclog 996] Clem[eclog 990]   v. 58, l. 1 et.]+Theod ap Clem[981]   l. 4 B]+Theod ap Clem[981]   XIV v. 11, l. 1 Clem[806]+et[499] sed hic υψωθησεται tantum

xii 32 Μὴ φοβεῖσθε. Almost all the Latin Versions have the plural *nolite timere*.
58 Clement's agreement with B Basil *Comm in Es* 459 (Migne xxx 305) Or *Comm in Matth* xiv 9 (Lommatzsch iii 287) in omitting ἀπ' before αὐτοῦ in (981) is of importance. The peculiar form of the quotation in (527) also supports the omission. εὐνοεῖν αὐτῷ in (981) is of course from Mt v 25.

xiv 11 Order of clauses is inverted in (306).

5 *

xiv 15 Μακάριος ὃς φάγεται ἄρτον[1] ἐν τῇ βασιλείᾳ τοῦ θεοῦ. *Paed* II i 5 (166).

16 Ἄνθρωπός τις ἐποίησε δεῖπνον μέγα[2] καὶ ἐκάλεσεν πολλούς. *Paed* II i 4 (165).

20 ˙Ο δὲ εἰπών· Γυναῖκα ἔγημα καὶ ∧ οὐ δύναμαι ἐλθεῖν εἰς τὸ δεῖπνον τὸ θεῖον, ὑπόδειγμα ἦν... *Strom* III xii 90 (552).

26 Ὅς δ' ἂν μὴ μισήσῃ, φασί[3], ∧ πατέρα ∧ ἢ ∧ μητέρα ∧ ἢ ∧ γυναῖκα ∧ ἢ ∧ τέκνα ∧ ἐμὸς εἶναι μαθητὴς οὐ δύναται. *Strom* III xv 97 (555).

Ὅς οὐ μισεῖ ∧ πατέρα ∧ καὶ ∧ μητέρα ∧ καὶ ∧ παῖδας ∧, προσέτι δὲ καὶ τὴν ἑαυτοῦ ψυχήν, ἐμὸς μαθητὴς εἶναι οὐ δύναται. *QDS* § 22 (948).
[*QDS* § 24 (949).]

26 f. Οὗτος οἶδεν ἀκριβῶς τὸ εἰρημένον· Ἐὰν μὴ μισήσητε τὸν πατέρα ∧ καὶ τὴν μητέρα ∧, προσέτι δὲ καὶ τὴν ἰδίαν ψυχήν, καὶ ἐὰν μὴ τὸ σημεῖον βαστάσητε. *Strom* VII xii 79 (880).
See also on Mt x 38.

33 [*QDS* § 14 (943).]
xv 4 See on Mt xviii 12 f.

7, 10 Μεγάλη γὰρ χαρὰ παρὰ τῷ πατρὶ ἑνὸς ἁμαρτωλοῦ σωθέντος, ὁ κύριός φησι. *Strom* II xv 69 (465).

Μεγάλην γάρ φησι καὶ ἀνυπέρβλητον εἶναι χαρὰν καὶ ἑορτὴν ἐν οὐρανοῖς τῷ πατρὶ καὶ τοῖς ἀγγέλοις ἑνὸς ἁμαρτωλοῦ ἐπιστρέψαντος καὶ μετανοήσαντος. *QDS* § 39 (957).

11 ff. [*Paed* II i 9 (169).]
17 [*Strom* IV vi 30 (576).]

30 Πάλιν τῷ ἐξ ἀποδημίας ἐλθόντι καὶ κατεδηδοκότι τὰ ὑπάρχοντα, ᾧ τὸν σιτευτὸν ἔθυσεν μόσχον, τὴν κλῆσιν λέγει. *Exc ex Theod* § 9 (969).

xvi 9 Ποιήσατε ἑαυτοῖς φίλους ἐκ τοῦ μαμωνᾶ τῆς ἀδικίας, ἵν' ὅταν ἐκλίπῃ δέξωνται ὑμᾶς εἰς τὰς αἰωνίους σκηνάς ∧. *QDS* § 13 (942).

Ποιήσατε ἑαυτοῖς φίλους ἐκ τοῦ μαμωνᾶ τῆς ἀδικίας, ἵνα ὅταν ἐκλίπητε δέξωνται ὑμᾶς εἰς τὰς αἰωνίους σκηνάς ∧. *QDS* § 31 (953).]
[*QDS* § 32 (954).]

13 See on Mt vi 24.
16 See on Mt xi 13 [*Paed* III vii 39 (277).]

1 ἄρτον P ἄριστον F   2 μέγα P μέγαν F   3 Legendum uidetur φησὶ

TISCH. XIV v. 15, l. 11 aeth]+Clem[155 ood op] l. 13 *dele* Clem[150] v. 16, l. 5 al plu]+Clem[155 ood op] l. 7 *dele* Clem[155] v. 26, l. 4 e]+Clem[555. 830. 948] l. 12 *animam*)]+Clem[948] l. 13 *dele* (vide et. Clem[938]) l. 14 *meus*]+vide Clem[948] infra. ll. 18, 19 Clem[938] Clem[948] l. 20 ψυχ. ἑαυτου,] ἑαυτου ψυχ. XV v. 30, l. 5 ad fin]+Clem[949] XVI v. 9, l. 5 Clem[938]) Clem[948] et[953] l. 6 *dele* Clem[948] l. 8 Clem[938] et[943]] Clem[942] et[953] l. 13 al]+Clem[942] p. 623, l. 5 Clem[933] et[943]] Clem[955] l. 10 Clem[953] et[943]] Clem[942] et[953]

xiv 20 Note agreement of Clement with 157 *a b* (not *c*) *e i q* in omitting διὰ τοῦτο after καί. Syr.*sin-crt* omit καὶ διὰ τοῦτο.

26 f. Cp. Irenaeus 17 (vol. i, p. 29 ed Harvey) (Valentiniani) μαθητὴς ἐμὸς οὐ δύναται γενέσθαι. With (880) ἐὰν μὴ τὸ σημ. βαστ. cp. continuation of same passage τὸ σημεῖον δὲ βαστάσαι τὸν θάνατόν ἐστιν περιφέρειν ἔτι ζῶντα πᾶσιν ἀποταξάμενον and *QDS* § 8 and also Barn xii 5 ὢν δόξουσιν ἀπωλωλεκέναι ἐν σημείῳ.

xv 11 ff. On the Fragm ex Macar Chrysoceph quoted by Resch *ad loc.* see Zahn *Forsch* iii 64.
30 The similarity of Clement's quotation to the form this verse takes in D is curious, but may be accidental.

QUOTATIONS FROM ST LUKE. 49

xvi 17 See on Mt v 18.
18 See on Mt v 32.
19–23 *Ἄνθρωπος* ∧ *γοῦν ἦν τις, ὁ κύριος διηγούμενος λέγει, πλούσιος σφόδρα, ὃς ἐνεδιδύσκετο πορφύραν καὶ βύσσον* ∧ *εὐφραινόμενος καθ' ἡμέραν λαμπρῶς· οὗτος ὁ χόρτος ἦν· πτωχὸς δέ τις* ∧ *ὀνόματι*[1] *Λάζαρος* ∧ *ἐβέβλητο εἰς τὸν πυλῶνα τοῦ πλουσίου εἱλκωμένος*[2]*,* ∧ *ἐπιθυμῶν χορτασθῆναι ἐκ* ∧ *τῶν πιπτόντων* ∧ *τῆς τραπέζης τοῦ πλουσίου· οὗτός ἐστιν ἡ πόα. ἀλλ' ὁ μὲν ἐκολάζετο ἐν*"Ἄιδου, *ὁ πλούσιος, μετέχων τοῦ πυρός, ὁ δὲ ἀνέθαλλεν ἐν κόλποις τοῦ πατρός*. Paed II x 105 (232, 233).
19 [Paed III vi 34 (274).]
24 [Exc ex Theod § 14 (972).]
vii 2 See on Mt xviii 6.
3 f. *Ἔτι περὶ ἀνεξικακίας·* '*Ἐὰν ἁμάρτῃ* ∧, *φησίν, ὁ ἀδελφός σου, ἐπιτίμησον αὐτῷ, καὶ ἐὰν μετανοήσῃ, ἄφες αὐτῷ·* ∧ *ἐὰν ἑπτάκις τῆς ἡμέρας ἁμάρτῃ εἰς σὲ καὶ τὸ ἑπτάκις* ∧ *ἐπιστρέφῃ πρὸς σὲ λέγων· Μετανοῶ, ἄφες αὐτῷ*. Paed III xii 91 (306).
[QDS § 39 (957).]
6 [Strom v i 2 (644).]
26 f. See on Mt xxiv 37 ff.
28 ... ∧ *καὶ ὡς ἦν ἐν ταῖς ἡμέραις Λώτ, οὕτως ἔσται ἡ παρουσία τοῦ υἱοῦ τοῦ ἀνθρώπου*. Strom III vi 49 (533).
31 f. ...*μὴ ἐπιστρεφέσθω εἰς τὰ ὀπίσω καθάπερ ἡ Λὼτ γυνή*. Strom VII xvi 93 (889).
viii 8 ...*ἐπιφέρει·* ∧ *Ἆρα ἐλθὼν ὁ υἱὸς τοῦ ἀνθρώπου εὑρήσει τὴν πίστιν ἐπὶ τῆς γῆς;* Strom III vi 49 (533).
14 See on xiv 11.
15 f. Cp. Mt xix 13 f.
18, 20 See on x 25 f.
19 See on Mt xix 17.
20 See on Mc x 19.
22 See on Mt xix 21 and Mc x 21.
25 See on Mc x 25.
27 See on Mc x 27.
29 See on Mc x 29.
xix 9 *Σήμερον σωτηρία* ∧ *τῷ οἴκῳ τούτῳ*. QDS § 13 (942).
8, 10 *Ζακχαῖον τοίνυν, οἱ δὲ Ματθίαν φασίν*[3]*, ἀρχιτελώνην ἀκηκοότα τοῦ κυρίου καταξιώσαντος πρὸς αὐτὸν γενέσθαι, 'Ἰδοὺ τὰ ἡμίση τῶν ὑπαρχόντων μου* ∧ *δίδωμι ἐλεημοσύνην, φάναι, κύριε*[4]*, καὶ εἴ τινός τι ἐσυκοφάντησα, τετραπλοῦν ἀποδίδωμι. ἐφ' οὗ καὶ ὁ σωτὴρ εἶπεν· Ὁ υἱὸς τοῦ ἀνθρώπου ἐλθὼν σήμερον τὸ ἀπολωλὸς εὗρεν*. Strom IV vi 35 (579).
10 =[Mt] xviii 11 ...*ὁ τὸ ἀπολωλὸς ἐπιζητῶν τε καὶ εὑρίσκων νόμῳ καὶ λόγῳ*. Strom I xxvi 169 (421).
[Strom III xiv 94 (554).]

1 ὀνόματι F ὄνομα P   2 εἱλκωμένος P* ἡλκωμένος FP**   3 φησὶν L   4 κύριε]+ελεημο L
TISCH. XIX v. 9, l. 3 et.]+Clem⁹⁴³   v. 10, l. 1 Clem⁵⁷⁹] Clem⁴²¹ et⁵⁷⁹

xvii 4 και το επτακις D: cp. syr.sin (not crt) and these seven times.

B.   4

xix 12 ff. See on Mt xxv 14—30.
26 = Mc iv 24 f. ...καὶ τῷ ἔχοντι δὲ προστεθήσεται. *Strom* I i 14 (324).
Εἴρηται γάρ· Τῷ ἔχοντι προστεθήσεται. *Strom* VII x 55 (865).
38 See on ii 14.
xx 25 See on Mt xxii 21.
34 Ἐν γὰρ τῷ αἰῶνι τούτῳ γαμοῦσι καὶ γαμίσκονται. *Paed* II x 100 (230).
Τὸ δέ· Οἱ υἱοὶ τοῦ αἰῶνος τούτου· οὐ πρὸς ἀντιδιαστολὴν τῶν ἄλλου τινὸς αἰῶνος υἱῶν εἴρηκεν, ἀλλ᾽ ἐπ᾽ ἴσης τῷ· Οἱ ἐν τούτῳ γενόμενοι τῷ αἰῶνι διὰ τὴν γένεσιν υἱοὶ ὄντες γεννῶσι καὶ γεννῶνται. *Strom* III xii 87 (551).
34 f. Ἐν γὰρ τῷ αἰῶνι τούτῳ, φησίν, γαμοῦσι καὶ γαμίσκονται, ... ἐν ἐκείνῳ δὲ οὐκέτι. *Paed* I iv 10 (103).
35 = Mt xxii 30 Ὁμοίως δὲ κἀκεῖνο κομίζουσι τὸ ῥητόν· Οἱ υἱοὶ τοῦ αἰῶνος ἐκείνου, τὸ περὶ νεκρῶν ἀναστάσεως[1], οὔτε γαμοῦσιν οὔτε γαμίζονται. *Strom* III xii 87 (551).
Οὔτε γαμοῦσιν οὔτε γαμίσκονται ἔτι. *Strom* VI xvi 140 (811).
See also on Mt xxii 30.
xxi 1-4 See on Mc xii 41—44.
23 See on Mt xxiv 19.
xxii 9 See on Mt xxvi 17.
19 See on Mt xxvi 26.
31 f. Ἀλλὰ καὶ αὐτὸς ὁ κύριος, Ἐξῃτήσατο ὑμᾶς ὁ Σατανᾶς, λέγει, σινιάσαι, ἐγὼ δὲ παρῃτησάμην. *Strom* IV ix 74 (597).
48 Καὶ αὐτὸς οὗτος ὁ Ἰούδας φιλήματι προὔδωκε τὸν διδάσκαλον. *Paed* II viii 62 (206).
66 f., 70 See on Mt xxvi 63 f.
xxiii 34 Οὐχὶ δὲ καὶ οἱ Ὀρθοδοξασταὶ καλούμενοι ἔργοις προσφέρονται καλοῖς οὐκ εἰδότες ἃ ποιοῦσιν; *Strom* I x 45 (343).
46 Πάτερ, φησί, παρατίθεμαί σοι εἰς χεῖρας τὸ πνεῦμά μου. *Exc ex Theod* § 1 (966).
[*Exc ex Theod* § 62 (984).]
xxiv 34 Οὕτω καὶ τό· Ζῇ κύριος, καὶ τό· Ἀνέστη κύριος[2]. *Ecl Proph* § 42 (1000).
.41 ff. Ἔχετέ τι βρώσιμον ἐνθάδε; εἶπεν ὁ κύριος πρὸς τοὺς μαθητὰς μετὰ τὴν ἀνάστασιν· οἱ δὲ ἅτε ὑπ᾽ αὐτοῦ εὐτέλειαν ἀσκεῖν δεδιδαγμένοι ἐπέδωκαν αὐτῷ ἰχθύος ὀπτοῦ μέρος Λ, καὶ *φαγὼν ἐνώπιον αὐτῶν εἶπεν αὐτοῖς*, φησὶν ὁ Λουκᾶς, ὅσα εἶπεν. *Paed* II i 15 (174).

1 τὸ π. νεκρ. ἀν.] haec uerba post τὸ ῥητόν ponenda esse putat Sylb., et recte ut mihi uidetur
2 καὶ τὸ ἀν. κύριος] sic L et v: Klotz et Dind. om

TISCH. XIX v. 26, l. 6 *adicietur*]+Clem[324] et[865] τω εχοντι (δε) προστεθησεται cf et Mc 4, 25 XXIII v. 46, l. 6 εμαθον)]+Theod ap Clem[966]   XXIV v. 43, l. 5 *dixit*)]+Clem[174] και φαγων ενωπιον αυτων ειπεν αυτοισ v. 44, l. 1 δε]+(om δε Clem[174])   l. 3 e]+Clem[174]

xix 26 *d quoniam omni habenti adicietur* (D προστιθεται). Mc iv 25 D 271 οσ γαρ αν εχει προστεθησεται αυτω (*d qui enim habet adicietur illi*). It is evident that the reading arises from confusion of two such verses as Mc iv 24, 25. Clement may have made this confusion independently, but it is probable that he was acquainted with the Greek text of Lc xix 26 underlying *d*.
xxiv 43 Clement is the only Greek authority known for the text which evidently underlies *b ff²* *q et manducans coram ipsis* (*et*) *dixit ad eos*. According to Bianchini and Belsheim *ff²* as well as *b* omits the *et*.

ST JOHN.

i 1 Ἐν ἀρχῇ ἦν ὁ λόγος καὶ ὁ λόγος ἦν πρὸς τὸν θεὸν καὶ θεὸς ἦν ὁ λόγος....ἐν ἀρχῇ ὁ λόγος ἦν....ἦν γὰρ ἐν θεῷ....τοῦ ἐν ἀρχῇ ὄντος καὶ προόντος λόγου....ὁ λόγος, ὅς[1] ἦν πρὸς τὸν θεόν, διδάσκαλος ἐπεφάνη, ᾧ τὰ πάντα δεδημιούργηται. *Protr* i 6, 7 (6, 7).

Ὁ λόγος ἦν ἐν τῷ θεῷ. *Protr* x 110 (86).

...λόγος θεὸς ὁ ἐν τῷ πατρί. *Paed* i ii 4 (99).

Οὐδὲν ἄρα μισεῖται ὑπὸ τοῦ θεοῦ, ἀλλ' οὐδὲ ὑπὸ τοῦ λόγου· ἓν[2] γὰρ ἄμφω, ὁ θεός, ὅτι εἶπεν· Ἐν ἀρχῇ <u>ὁ λόγος ἦν ἐν τῷ θεῷ</u> καὶ θεὸς ἦν ὁ λογος. *Paed* i viii 62 (135).

Καὶ ἵνα τις πιστεύσῃ τῷ υἱῷ, γνῶναι δεῖ τὸν πατέρα πρὸς ὃν καὶ ὁ υἱός. *Strom* v i 1 (643).

Τό· Ἐν ἀρχῇ ἦν ὁ λόγος καὶ ὁ λόγος ἦν πρὸς τὸν θεὸν καὶ θεὸς ἦν ὁ λόγος, οἱ ἀπὸ Οὐαλεντίνου οὕτως ἐκδέχονται. *Exc ex Theod* § 6 (968).

Διὰ τοῦτο· Ἐν ἀρχῇ ἦν ὁ λόγος καὶ ὁ λόγος ἦν πρὸς τὸν θεόν· ὁ γέγονεν ἐν αὐτῷ ζωή ἐστιν. *Exc ex Theod* § 19 (973).

In principio erat uerbum. *Adumbr in* 1 Jn i 1; Zahn *Forsch* iii 87 (1009).

3 ...οὗ χωρὶς ἐγένετο <u>οὐδὲ[2] ἕν</u>. *Paed* i vii 60 (134).

Πάντα γὰρ δι' αὐτοῦ ἐγένετο καὶ χωρὶς αὐτοῦ ἐγένετο <u>οὐδὲ ἕν</u>. *Paed* i xi 97 (156).

...πανταχοῦ δὲ τὸν λόγον (sc αἰδεῖσθαι χρή), ὅς ἐστι πανταχοῦ, καὶ ἐγένετο ἄνευ αὐτοῦ <u>οὐδὲ ἕν</u>. *Paed* iii v 33 (273).

Καὶ οὐδὲν χωρὶς αὐτοῦ ἐγένετο, φησί, τοῦ λόγου τοῦ θεοῦ. *Strom* i ix 45 (343).

...δι' οὗ τὰ πάντα ἐγένετο καὶ χωρὶς αὐτοῦ ἐγένετο <u>οὐδὲ ἕν</u>. *Strom* vi vii 58 (769); xvi 141 (812); xvii 153 (820).

...πάντα δι' αὐτοῦ ἐγένετο καὶ χωρὶς αὐτοῦ ἐγένετο <u>οὐδὲ ἕν</u>. *Strom* vi xi 95 (787); xv 125 (803).

Τὸ δέ· Ἧι ἡμέρᾳ ἐποίησεν ὁ θεὸς (Gen ii 4), τουτέστιν ἐν ᾗ καὶ δι' ἧς τὰ πάντα ἐποίησεν, ἧς καὶ χωρὶς ἐγένετο <u>οὐδὲ ἕν</u>, τὴν δι' υἱοῦ ἐνέργειαν δηλοῖ. *Strom* vi xvi 145 (815).

[1] Una littera inter o et ς erasa est in P [2] ἐν M et F* ut uid. ἓν F** (hiat P) [3] οὐδε (sine acc.) M (hiat P)

TISCH. I vv. 1—2, l. 5 et[int 1000] et[int 1009] l. 6 Clem[958]] Clem[968] l. 7 et[963]] et[973]

i 1 ἐν τῷ θεῷ occurring in loose citations and allusions for πρὸς τὸν θεόν is due to the influence of Jn x 38 and similar passages.

4—2

52   CLEMENT OF ALEXANDRIA'S

...δι' οὗ τὰ πάντα ἐγένετο καὶ χωρὶς οὗ γέγονεν[1] οὐδέν.   *Strom* VII iii 17 (838).

Πάντα δι' αὐτοῦ ἐγένετο.   *Exc ex Theod* § 8 (969).

Πάντα γὰρ δι' αὐτοῦ γέγονεν καὶ χωρὶς αὐτοῦ γέγονεν οὐδέν.   *Exc ex Theod* § 45 (980).

i 4 Σωτηρία τοίνυν τὸ ἔπεσθαι Χριστῷ· <u>Ὁ γὰρ γέγονεν ἐν αὐτῷ ζωή ἐστιν</u>.   *Paed* I vi 27 (114).

...ὁ δὲ τοιοῦτος ζῇ· <u>Ὁ γὰρ γέγονεν ἐν αὐτῷ ζωὴ ἦν</u>.   *Paed* II ix 79 (218).

[Οἱ ἀπὸ Οὐαλεντίνου...λέγουσι·] <u>Ὁ γέγονεν ἐν αὐτῷ τῷ λόγῳ ζωὴ ἦν</u> ἡ σύζυγος.   *Exc ex Theod* § 6 (968).

Ὁ γέγονεν ἐν αὐτῷ ζωή ἐστιν· ζωὴ δὲ ὁ κύριος.   *Exc ex Theod* § 19 (973).

Nam et in euangelio sic dicit: Et quod factum est in ipso uita <u>erat</u>, et uita erat lux hominum.   *Adumbr in* 1 Jn i 2; Zahn *Forsch* iii 87 (1009).

Τὸ φῶς ἐκεῖνο ζωή ἐστιν ἀΐδιος, καὶ ὅσα μετείληφεν αὐτοῦ ζῇ.   *Protr* xi 114 (88).

Ὁ τοίνυν ἀρνούμενος τὸν σωτῆρα ἀρνεῖται τὴν ζωήν, ὅτι· ˄ Ζωὴ ἦν τὸ φῶς.   *Strom* IV vii 42 (582).

5 Ἀλλ' οὐδέπω, φασίν, ἀπείληφεν (sc ὁ ἄνθρωπος) τὴν τελείαν δωρεάν· σύμφημι κἀγώ· πλὴν ἐν φωτί ἐστιν καὶ τὸ σκότος αὐτὸν οὐ καταλαμβάνει.   *Paed* I vi 28 (115).

Ὁ δὲ τὸ φῶς ἔχων ἐγρήγορεν καὶ ἡ σκοτία <u>αὐτὸν οὐ καταλαμβάνει</u>· οὐδὲ μὴν ὕπνος, ἐπεὶ μὴ σκότος.   *Paed* II ix 79 (218).

Μηδαμῶς τοίνυν ἐπικαλυπτώμεθα τὸ σκότος, τὸ γὰρ φῶς ἔνοικον ἡμῖν.   Καὶ ἡ σκοτία, φησίν, <u>αὐτὸ οὐ καταλαμβάνει</u>, καταυγάζεται δὲ αὐτή[2] ἡ νὺξ τῷ σώφρονι λογισμῷ. *Paed* II x 99 (229, 230).

...οὗτός (sc. ὁ ἐν ταυτότητι μονογενής) ἐστι τὸ φῶς τῆς ἐκκλησίας τῆς πρότερον ἐν σκότῳ καὶ ἐν ἀγνοίᾳ οὔσης.   Καὶ ἡ σκοτία <u>αὐτὸν οὐ κατέλαβεν</u>, οἱ ἀποστατήσαντες καὶ οἱ λοιποὶ τῶν ἀνθρώπων οὐκ ἔγνωσαν αὐτόν, καὶ ὁ θάνατος οὐ κατέσχεν αὐτόν. *Exc ex Theod* § 8 (969).

   1 γέγονεν (acc.) L   2 αὐτὴ Sylburgius: αὐτὸ cdd.

TISCH. I v. 3, p. 742, l. 4 Clem[952] et[953]] Clem[968] et[973]   l. 5 et[213]]+et int[1009]   v. 4, l. 4 Clem[963]] Clem[973]   l. 6 Clem[959]] Clem[968]   l. 7 Clem[213]]+et int[1009]   v. 5, l. 2 Clem[940]] Clem[969] et Clem[115, 213]

i 3 For γέγονεν cp. Tatian *ad Graecos* § 19 (p. 88 ed Otto): it is strange that in both instances in Clement it is combined with οὐδέν. δι' οὗ τὰ πάντα (4 times) is perhaps due to a reminiscence of 1 Cor viii 6. It is clear that Clement punctuated after ἕν, a conclusion which is entirely confirmed by the quotations of the next verse.

4 In (114) and (218) the γάρ before γέγονεν is perhaps due to the context, but cp. (1009) *et quod factum est*: syr.crt ὃ δὲ γέγονεν: b Or int III 552 *quod autem factum est*: Hippolytus *Philosophumena* v 8 (p. 107 ed Miller) ὃ δὲ γέγονεν: Irenaeus 41 (vol. i, p. 77 ed Harvey) ἀλλὰ ὃ γέγονεν: Origen in his *Comm in Joh* quotes the clause 11 times, introducing a particle four times: Resch quotes "Das zweite koptisch-gnostische Werk ed. Schmidt (T. u. U. VIII) S. 545" καὶ ὃ γέγονεν ἐν αὐτῷ, ζωή ἐστιν.

To Tischendorf's authorities for ἐστίν after ζωή add *for*.

5 It is clear that Clement read αὐτόν not αὐτό: this reading is found in H 13 and four other cursives. *e* has *et tenebrae eum non conprae* | *Eum non conpraehenderunt*: the reading of the archetype of *e* is thus doubly certain. In (229) the text is not certain; I am inclined to think that an ancestor of P had αὐτὴν οὐ καταλ. with

QUOTATIONS FROM ST JOHN. 53

i 9 *Ἠν γὰρ τὸ φῶς τὸ ἀληθινόν. *Strom* ii v 21 (439).

...περὶ οὗ ὁ ἀπόστολος λέγει· Ὁ φωτίζει πάντα ἄνθρωπον ἐρχόμενον εἰς τὸν κόσμον τὸν τοῦ διαφόρου σπέρματος· ὅτε γὰρ ἐφωτίσθη ὁ ἄνθρωπος, τότε εἰς τὸν κόσμον ἦλθεν, τουτέστιν ἑαυτὸν ἐκόσμησεν, χωρίσας¹ αὐτοῦ τὰ ἐπισκοτοῦντα καὶ συναναμεμιγμένα αὐτῷ πάθη. *Exc ex Theod* § 41 (979).

[*Protr* ix 84 (70); 88 (72); *Strom* ii xv 66 (463).]

11 Εἰς τὰ ἴδια, φησίν, ἦλθεν ὁ υἱὸς τοῦ θεοῦ καὶ οἱ ἴδιοι αὐτὸν οὐκ ἐδέξαντο. *Strom* vii xiii 83 (882).

12 ...τοὺς...εἰληφότας ἐξουσίαν τέκνα θεοῦ γενέσθαι. *Strom* iv vi 26 (575).

13 Δεῖ γὰρ οὐ τὰ εἴδωλα μόνον καταλιπεῖν ἃ πρότερον ἐξεθείαζεν², ἀλλὰ καὶ τὰ ἔργα τοῦ προτέρου βίου, τὸν οὐκ ἐξ αἱμάτων οὐδὲ ἐκ θελήματος σαρκὸς ∧ ἐν πνεύματι δὲ ἀναγεννώμενον. *Strom* ii xiii 58 (460).

14 ...καὶ γὰρ ὁ λόγος αὐτὸς ἐναργῶς³ σὰρξ γενόμενος... *Paed* i iii 9 (103).

Προελθὼν δὲ ὁ λόγος δημιουργίας αἴτιος, ἔπειτα καὶ ἑαυτὸν γεννᾷ, ὅταν ὁ λόγος σὰρξ γένηται, ἵνα καὶ θεαθῇ. *Strom* v iii 16 (654).

Ἐν τούτῳ (sc τῷ παραδείσῳ) καὶ ὁ λόγος ἤνθησέν τε καὶ ἐκαρποφόρησεν σὰρξ γενόμενος. *Strom* v xi 72 (690).

Καὶ ὁ λόγος σὰρξ ἐγένετο. *Exc ex Theod* § 19 (973).

...ὁ δὲ ἐνταῦθα ὀφθεὶς οὐκέτι μονογενής, ἀλλ' ὡς μονογενὴς πρὸς τοῦ ἀποστόλου προσαγορεύεται· Δόξαν ὡς μονογενοῦς. (Valentinians) *Exc ex Theod* § 7 (968).

16 Ἐπὶ μὲν γὰρ τῶν προφητῶν, Πάντες, φησίν, ἐκ τοῦ πληρώματος αὐτοῦ ἐλάβομεν, δηλονότι τοῦ Χριστοῦ. *Strom* i xvii 87 (370).

17 Διὸ καί φησιν ἡ γραφή· Ὁ νόμος διὰ Μωσέως ἐδόθη, οὐχὶ ὑπὸ Μωσέως, ... ἡ δὲ ἀίδιος⁴ χάρις καὶ ἡ ἀλήθεια διὰ Ἰησοῦ Χριστοῦ ἐγένετο. ὁρᾶτε τὰς λέξεις⁵ τῆς γραφῆς· ἐπὶ μὲν τοῦ νόμου ἐδόθη φησὶ μόνον, ἡ δὲ ἀλήθεια χάρις οὖσα τοῦ πατρὸς ἔργον ἐστὶν⁶ τοῦ λόγου αἰώνιον καὶ οὐκέτι δίδοσθαι λέγεται, ἀλλὰ διὰ Ἰησοῦ ∧ γίνεσθαι, οὗ χωρὶς ἐγένετο οὐδὲ ἕν. *Paed* i vii 60 (134).

Ὅθεν ὁ νόμος εἰκότως εἴρηται διὰ Μωυσέως δεδόσθαι. *Strom* i xxvi 167 (420).

...ὅτι δὴ κατὰ τὸν ἀπόστολον· Ὁ νόμος διὰ Μωσέως ἐδόθη, ἡ χάρις καὶ ἡ⁷ ἀλήθεια διὰ Ἰησοῦ Χριστοῦ. ∧ *QDS* § 8 (939).

[*Strom* i xxvi 169 (422); *ibid* 170 (422).]

---

1 ι ex η factum pr. m. L   2 ἐξεθείαζεν L   3 ἐνεργὸς M (hiat P)   4 ἡ δὲ ἀίδιος M
(hiat P): forsitan legendum ἡ δὲ χάρις ἡ ἀίδιος   5 ει super rasuram habet M   6 ἐστι M
7 ἡ supra lin. pr. man. S

the correction αὐτὸ in the margin, and that this was copied in by mistake before ἡ νύξ: if so, αὐτὸ should be struck out, not altered to αὐτὴ with Sylburg. In (115) and (218) the interpretation supports the masculine; "the light shines in the darkened soul of man, and the darkness does not overcome him." In (969) αὐτὸν is referred to Christ, and both interpretations of κατέλαβεν appear to be recognised. For καταλαμβάνει cp. Tatian *ad Graecos* § 13 (p. 60 ed Otto) ἡ σκοτία τὸ φῶς οὐ καταλαμβάνει.

i 9 In (979) the interpretation shows clearly that ἐρχόμενον is taken to agree with ἄνθρωπον.

13 The context shows that Clement took this text to refer to a Christian and not to Christ, so he lends no support to the Latin reading *qui...natus est*. The omission of οὐδὲ ἐκ θελήματος ἀνδρὸς may quite easily be accidental, but this agreement with B* is worthy of notice.

CLEMENT OF ALEXANDRIA'S

i 18 ...ὁ τὸν κόλπον τοῦ πατρὸς ἐξηγούμενος υἱὸς μονογενής. *Strom* I xxvi 169 (422).

Καὶ Ἰωάννης ὁ ἀπόστολος· Θεὸν οὐδεὶς ἑώρακεν πώποτε· ὁ μονογενὴς θεὸς ὁ ὢν εἰς τὸν κόλπον τοῦ πατρὸς ἐκεῖνος ἐξηγήσατο. *Strom* v xii 81 (695).

Ἀρχὴν μὲν γὰρ τὸν μονογενῆ λέγουσιν (sc οἱ ἀπὸ Οὐαλεντίνου), ὃν καὶ θεὸν προσαγορεύεσθαι, ὡς καὶ ἐν τοῖς ἑξῆς ἄντικρυς θεὸν αὐτὸν δηλοῖ λέγων· Ὁ μονογενὴς θεὸς ὁ ὢν εἰς τὸν κόλπον τοῦ πατρὸς ἐκεῖνος ἐξηγήσατο. *Exc ex Theod* § 6 (968).

Καὶ ὁ μὲν μείνας μονογενὴς υἱὸς εἰς τὸν κόλπον τοῦ πατρὸς τὴν ἐνθύμησιν διὰ τῆς γνώσεως ἐξηγεῖται τοῖς αἰῶσιν, ὡς ἂν καὶ ὑπὸ τοῦ κόλπου αὐτοῦ προβληθείς· ὁ δὲ ἐνταῦθα ὀφθεὶς κτέ. *Exc ex Theod* § 7 (968).

Ἡμεῖς δὲ τὸν ἐν ταυτότητι λόγον θεὸν ἐν θεῷ φαμέν, ὃς καὶ εἰς τὸν κόλπον τοῦ πατρὸς εἶναι λέγεται, ἀδιάστατος, ἀμέριστος, εἷς θεός...οὗτος τὸν κόλπον τοῦ πατρὸς ἐξηγήσατο ὁ σωτήρ. *Exc ex Theod* § 8 (969).

...καὶ τότε ἐποπτεύσεις τὸν κόλπον τοῦ πατρός, ὃν ὁ μονογενὴς θεὸς μόνος ἐξηγήσατο. *QDS* § 37 (956).

[*Paed* I iii 8 (102); and see on vi 46.]

20 ff. Πυθώμεθα τοίνυν αὐτοῦ· Τίς πόθεν εἶς ἀνδρῶν; Ἡλίας μὲν οὐκ ἐρεῖ, Χριστὸς δὲ εἶναι ἀρνήσεται· φωνὴ δὲ ὁμολογήσει ἐν ἐρήμῳ βοῶσα. τίς οὖν ἐστιν Ἰωάννης; ὡς τύπῳ λαβεῖν, ἐξέστω εἰπεῖν, φωνὴ τοῦ λόγου προτρεπτικὴ ἐν ἐρήμῳ βοῶσα. Τί βοᾷς, ὦ φωνή; εἰπὲ καὶ ἡμῖν. Εὐθείας ποιεῖτε τὰς ὁδοὺς κυρίου. *Protr* i 9 (8).

Tisch. I v. 18, l. 4 Clem⁹⁵⁸] Clem⁹⁶⁸ et⁹⁴⁵] et⁹⁵⁶ l. 13 enarrat ")]+Clem⁴²² et⁹⁶⁶ alludens p. 745, l. 9 a fin Clem⁹⁵⁸] Clem⁹⁶⁸ l. 7 a fin Clem⁶⁹⁵]+et⁹⁵⁶

i 18 The evidence is clear: Clement's usual reading was ὁ μονογενὴς θεός (so א^c 33 cop): but he knew the variant ὁ μονογενὴς υἱός, though it occurs only in allusions, never in a direct citation.

The following summary of Clement's readings in i 1—18 may be useful.

1 πρὸς τὸν θεόν] ἐν τῷ θεῷ once in full quotation (πρὸς τ. θ. three times), three times in possible references (πρὸς τ. θ. twice).

3 ἐγένετο primo loco] γέγονεν ⅓ cf. Ltt *facta sunt*.
ἐγένετο sec loc] γέγονεν ²⁄₇, cf. Tat¹⁹.
χωρὶς] ἄνευ ¹⁄₁₄.
οὐδὲ ἕν nine times, οὐδὲν three times.

Punctuate after οὐδέν. Quotations end here 12 times: quotations begin ὃ γέγονεν four times.

4 +γάρ after ὃ ¼ (perhaps due to context).
ἦν] ἐστί ⅔.
5 αὐτό] αὐτὸν ¾: in (229) αὐτό is suspicious.
κατέλαβεν] καταλαμβάνει ¾.
9 ἐρχόμενον taken as masc. in the only citation.
11 παρέλαβον] ἐδέξαντο in the only citation.
13 omit οὐδὲ ἐκ θελ. ἀνδρός in the only citation.
οἱ...ἐγεννήθησαν] sense supports the plural reading.
ἐκ θεοῦ] ἐν πνεύματι.
16 πάντες before ἐκ: om ἡμεῖς in only citation.
17 +δὲ ἀΐδιος before χάρις ½: see remarks on passage.
18 ὁ μονογενὴς θεός twice in direct citations, once in allusion.
ὁ μονογενὴς λόγος once in allusion.
[ὁ] μονογενὴς υἱός once in allusion.
[ὁ] υἱὸς μονογενής once in allusion.

20 ff. I can find no other trace of the reading βοῶσα. With εἰπὲ καὶ ἡμῖν cp. perhaps the readings of syr.crt *a b c e ff*² *l*.

QUOTATIONS FROM ST JOHN.

i 27 = Mc i 7 = Lc iii 16 Τῆς λιτῆς ὑποδέσεως ἀπόχρη μάρτυς Ἰωάννης, οὐκ ἄξιος εἶναι ὁμολογῶν τὸν ἱμάντα τῶν ὑποδημάτων λύειν τοῦ κυρίου. *Paed* II xi 117 (241).

Οὐκ εἰμί, φησίν, ἄξιος τὸν ἱμάντα τοῦ ὑποδήματος λῦσαι κυρίου. *Strom* v viii 55 (679).

29 Ἰδοὺ ὁ ἀμνὸς τοῦ θεοῦ. *Paed* I v 24 (112).

48 Οἱ τῷ ὄντι Ἰσραηλῖται οἱ καθαροὶ τὴν καρδίαν, ἐν οἷς δόλος οὐδείς. *Strom* VI xiv 108 (794).

ii 16 Πάλιν ὅταν λέγῃ· Ἐξέλθετε ἐκ τοῦ οἴκου τοῦ πατρός μου, τοῖς κλητοῖς λέγει. *Exc ex Theod* § 9 (969).

19–21 Ἐπὶ δὲ τοῦ σώματος......ὁ κύριος, Λύσατε, εἶπε, τὸν ναὸν τοῦτον καὶ ἐν τρισὶν ἡμέραις ἐγερῶ αὐτόν. εἶπον ∧ οἱ Ἰουδαῖοι· Τεσσαράκοντα καὶ ἓξ ἔτεσιν ὁ ναὸς οὗτος ᾠκοδομήθη, καὶ σὺ ∧ τρισὶν ἡμέραις ἐγερεῖς αὐτόν; ἐκεῖνος δὲ ἔλεγε περὶ τοῦ ναοῦ τοῦ σώματος αὐτοῦ. *Fragm ἐκ τοῦ κατὰ Ἰουδαϊζόντων seruatum ap Nicephorum*; Zahn *Forsch* iii 37; Dind. iii 510.

iii 5 [*Ecl Proph* §§ 7, 8 (991).]

6 Καθάπερ τὸ γεννώμενον ἐκ τῆς σαρκὸς σάρξ ἐστιν, οὕτω τὸ ἐκ πνεύματος πνεῦμα. *Strom* III xii 84 (549).

Ὁ γὰρ πνεύματι ἁγίῳ γενόμενος πνευματικός. *Strom* I xxvi 169 (421).

8 Ὁ γὰρ θεὸς πνεῦμα ὅπου θέλει πνεῖ. *Exc ex Theod* § 17 (972).

18 ...ἐπεί· Ὁ ∧ μὴ πιστεύων ἤδη κέκριται. *Strom* II xv 69 (465).

...ἐπεὶ ὁ ἀπιστήσας κατὰ τὴν σωτήριον φωνὴν ἤδη κέκριται. *Strom* IV xxvi 169 (641).

19 ...ὅτι τὸ φῶς ἐλήλυθεν εἰς τὸν κόσμον καὶ <u>ἠγάπησαν οἱ ἄνθρωποι μᾶλλον τὸ σκότος ἢ τὸ φῶς</u>. *Protr* x 101 (80).

29 ...τοῦ νυμφίου δὲ φίλος, <u>ἑστὼς ἔμπροσθεν</u> τοῦ νυμφῶνος, ἀκούων τῆς φωνῆς τοῦ νυμφίου, χαρᾷ χαίρει. τοῦτο αὐτοῦ τὸ πλήρωμα τῆς χαρᾶς καὶ τῆς ἀναπαύσεως. *Exc ex Theod* § 65 (985).

30 Κἀμὲ δεῖ[1] ἐλαττοῦσθαι, αὔξειν δὲ μόνον ἤδη λοιπὸν τὸν κυριακὸν λόγον......ὁ προφήτης εἴρηκεν Ἰωάννης. *Strom* VI xi 94 (787).

31 [*Protr* iv 59 (52).]

36 ...διὰ τοῦτό φησιν· Ὁ πιστεύων εἰς τὸν υἱὸν ἔχει ζωὴν αἰώνιον. *Paed* I vi 29 (115).

Ἔμπαλιν δέ· Ὁ πιστεύων ∧ ἔχει ζωὴν αἰώνιον. *Strom* v xiii 85 (697).

iv 6 Διὰ τοῦτο εἰσάγεται ἐν τῷ εὐαγγελίῳ <u>κεκμηκὼς</u> ὁ κάμνων ὑπὲρ ἡμῶν. *Paed* I ix 85 (148).

7 Καὶ τὴν Σαμαρῖτιν[2] ᾔτει πιεῖν... *Paed* II iii 38 (190).

24 ...ὡς ὁ κύριος ἐδίδαξε πνεύματι προσκυνεῖν. *Strom* I vi 34 (336).

32, 34 Ἐγώ, φησὶν ὁ κύριος, βρῶσιν ἔχω φαγεῖν ἣν ὑμεῖς οὐκ οἴδατε. ἐμὸν βρῶμά ἐστιν ἵνα ποιήσω τὸ θέλημα τοῦ πέμψαντός με. *Paed* I vi 45 (125).

17, 19 Ἔτι τε καὶ ὁ σωτὴρ σώζει ἀεὶ καὶ ἀεὶ[3] ἐργάζεται ὡς βλέπει τὸν πατέρα. *Strom* I i 12 (323).

1 δὴ L* δεῖ L**   2 σαμαρῖτιν P σαμαρεῖτιν F   3 αἰεὶ καὶ αἰεὶ L

Tisch. II v. 20, l. 3 arm]+Clem^frgm   l. 7 o]+Clem^frgm   III v. 18, l. 5 l]+Clem^ddd

i 27 Variants not marked owing to the confusion of Gospels in this quotation.
ii 16 This is possibly a quotation from some apocryphal Gospel.
iii 29 With Clement's ἑστὼς ἔμπροσθεν τοῦ νυμφῶνος cp. ℵ ὁ ἑστηκὼς αυτου και ακουων.

v 24 Ἀμὴν ἀμὴν λέγω ὑμῖν, φησίν, ˄ ὁ τὸν λόγον¹ μου ἀκούων καὶ πιστεύων τῷ
    πέμψαντί με ἔχει ζωὴν αἰώνιον, καὶ εἰς κρίσιν οὐκ ἔρχεται ἀλλὰ μετα-
    βέβηκεν ἐκ τοῦ θανάτου εἰς τὴν ζωήν. *Paed* I vi 27 (114).
26 See on xvii 2.
39 Μαρτυροῦσιν δὲ περὶ κυρίου ὁ νόμος καὶ οἱ προφῆται. *Strom* VII i 1 (9⁺ᵐ).
vi 9 ff. =Mt xiv 17/// ...καὶ κατέκλινεν τοὺς μαθητὰς ἐπὶ τῆς πόας ~~~~. *Paed* II iii 38 (190).
    Ταύτῃ τοι μυστικώτατα πέντε ἄρτοι πρὸς τοῦ σωτῆρος κατακλῶνται καὶ πληθύνουσι τῷ
    ὄχλῳ τῶν ἀκροωμένων. *Strom* V vi 33 (665).
    Τάχα που καὶ ὁ κύριος τὸ πλῆθος ἐκεῖνο τῶν ἐπὶ τῆς πόας κατακλιθέντων καταντικρὺ τῆς
    Τιβεριάδος τοῖς ἰχθύσι τοῖς δυσὶ καὶ τοῖς πέντε² τοῖς κριθίνοις διέθρεψεν ἄρτοις,
    αἰνισσόμενος κτέ. *Strom* VI xi 94 (787).
27 Ἐργάζεσθε, φησὶν ὁ κύριος, μὴ τὴν ἀπολλυμένην βρῶσιν ἀλλὰ ˄ τὴν μένουσαν
    εἰς ζωὴν αἰώνιον. *Strom* I i 7 (319).
    Διό φησιν· Ἐργάζεσθε μὴ τὴν ἀπολλυμένην βρῶσιν ἀλλὰ ˄ τὴν μένουσαν εἰς
    ζωὴν αἰώνιον. *Strom* III xii 87 (551).
    Ἐργάζεσθαι γὰρ τὴν βρῶσιν τὴν εἰς αἰῶνα παραμένουσαν ὁ κύριος ἐνετείλατο. *Strom* VI
    i 1 (736).
    [*Paed* II i 4 (165).]
32 f. Οὐ γὰρ Μωσῆς, φησὶν, ἔδωκεν ὑμῖν³ τὸν ἄρτον ἐκ τοῦ οὐρανοῦ, ἀλλ' ὁ πατήρ
    μου δίδωσιν ὑμῖν τὸν ἄρτον ἐκ τοῦ οὐρανοῦ τὸν ἀληθινόν· ὁ γὰρ ἄρτος ˄
    τοῦ θεοῦ ἐστὶν ὁ ἐκ τοῦ οὐρανοῦ καταβαίνων καὶ ζωὴν διδοὺς τῷ κόσμῳ.
    Paed I vi 46 (125).
    [*Exc ex Theod* § 13 (971).]
40 Τοῦτο γάρ ἐστι τὸ θέλημα τοῦ πατρός μου, ἵνα πᾶς ὁ θεωρῶν τὸν υἱὸν καὶ
    πιστεύων ἐπ' αὐτὸν ἔχῃ⁴ ζωὴν αἰώνιον, καὶ ἀναστήσω αὐτὸν ˄ ἐν τῇ
    ἐσχάτῃ ἡμέρᾳ. *Paed* I vi 28 (115).
44 Εἴτ' οὖν ὁ πατὴρ αὐτὸς ἕλκει πρὸς αὐτὸν πάντα τὸν καθαρῶς βεβιωκότα... *Strom* V xiii
    83 (696).
    [*Strom* IV xxii 138 (627).]
46 Cp. i 18 Ἐκλέγονται δὲ οἱ μᾶλλον πιστεύσαντες, πρὸς οὓς λέγει· Τὸν πατέρα μου οὐδεὶς
    ἑώρακεν εἰ μὴ ὁ υἱός. *Exc ex Theod* § 9 (969).

1 τῶν λόγων F (hiat P)   2 ἐ L   3 ἡμῖν M* sed η in υ correctum prima forsitan manu
(hiat P)   4 ἔχει F*M (hiat P)

TISCH. V v. 24, l. 1 λογων]+et Clem¹¹⁴ cod M   Clem¹¹⁴] Clem¹¹⁴ cod F

v 24 Note agreement with D in the omission of ὅτι. The reading of F τῶν λόγων is found
    in (Γ) 247 iˢᶜʳ. In Tert *adv Praxean* § 21 one MS has *sermonem*, the rest
    sermones or *sermones meos*. It is not easy to see why the scribe of F should
    have made any alteration if he had τὸν λόγον before him.
vi 27 The agreement of Clement with ℵ in omitting τὴν βρῶσιν after ἀλλά, renders it
    possible that his variation in the order of the words at the beginning of the
    verse may be connected with the similar variation in that MS.
40 An instructive verse. Clement agrees exactly with D *b*.
44 Cp. Ephr *Diat* (Moes. p. 137) "No man can come to me, except my Father, which
    hath sent me, draw him *unto himself* (cp. cod. B has *unto me*)." On this Resch
    (*Ausserc Parallelt ad loc.*) says: "Der Zusatz: ad ipsum bei Ephraem ent-
    spricht dem Zusammenhang wenig und ist jedenfalls unecht." Clement's
    support adds interest to the reading.
46 This quotation appears to confuse this verse with i 18; if it be referred to the latter
    place, it offers the only Greek evidence for the Latin reading *nisi*.

QUOTATIONS FROM ST JOHN.

vi 49 f. Οἱ μὲν οὖν τὸν οὐράνιον ἄρτον φαγόντες ἀπέθανον, ὁ δὲ τὸν ἀληθινὸν ἄρτον τοῦ πνεύματος ἐσθίων οὐ τεθνήξεται. *Exc ex Theod* § 13 (971).

51 Καὶ ὁ ἄρτος ˰ ὃν ἐγὼ δώσω ἡ σάρξ μου ἐστίν ¹˰ ὑπὲρ τῆς τοῦ κόσμου ζωῆς. *Paed* I vi 46 (125).

'Επεὶ δὲ εἶπεν· Καὶ ὁ ἄρτος ˰ ὃν ἐγὼ δώσω ἡ σάρξ μου ἐστίν... *Paed* I vi 47 (125).

Ὁ δὲ ἄρτος ὃν ἐγὼ δώσω, φησίν, ἡ σάρξ μου ἐστίν... *Exc ex Theod* § 13 (971).

53 'Αλλαχόθι δὲ καὶ ὁ κύριος ἐν τῷ κατὰ 'Ιωάννην εὐαγγελίῳ ἑτέρως ἐξήνεγκεν διὰ συμβόλων, Φάγεσθέ μου τὰς σάρκας, εἰπών, καὶ πίεσθέ² μου τὸ αἷμα. *Paed* I vi 38 (121).

Φάγεσθέ μου, φησί, τὴν σάρκα καὶ πίεσθέ² μου τὸ αἷμα. *Paed* I vi 42 (123).

...σάρκες αὗται καὶ αἷμα τοῦ λόγου, τουτέστι κατάληψις τῆς θείας δυνάμεως καὶ οὐσίας. *Strom* v x 66 (685).

55 Τὸ αἷμά μου γάρ, φησὶν ὁ κύριος, ἀληθής ἐστι πόσις. *Paed* I vi 36 (119, 120).

vii 16 Καί, Ἡ διδαχὴ ἡ ἐμὴ οὐκ ἔστιν ἐμή, ὁ κύριος λέγει, ἀλλὰ τοῦ πέμψαντός με πατρός. *Strom* I xvii 87 (370).

18 'Επὶ δὲ τῶν κλεπτόντων, Ὁ δὲ ἀφ' ἑαυτοῦ, φησί, λαλῶν τὴν δόξαν τὴν ἰδίαν ζητεῖ. *Ibid*.

Καί, Ὁ μὲν ἀφ' ἑαυτοῦ λαλῶν³ τὴν δόξαν τὴν ἰδίαν ζητεῖ, φησὶν ὁ κύριος, ὁ δὲ ζητῶν τὴν δόξαν τοῦ πέμψαντος αὐτὸν ˰ ἀληθής ἐστι καὶ ἀδικία οὐκ ἔστιν ἐν αὐτῷ. *Strom* I xx 100 (377).

38 'Επειδὴ δέ ἐστιν ὁ λόγος πηγὴ ζωῆς βρύουσα καὶ ποταμὸς εἴρηται ἐλαίου κτέ. *Paed* I vi 45 (125).

viii 12 [*Exc ex Theod* § 35 (978).]
23 [*Protr* iv 59 (52).]
24 'Εὰν γὰρ μὴ πιστεύσητε ˰, φησὶν ὁ κύριος, ἀποθανεῖσθε ἐν ταῖς ἁμαρτίαις ὑμῶν. *Strom* v xiii 85 (697).

---

1 +ἣν ἐγὼ δώσω F (hiat P)   2 φάγετέ...πιετέ utroque loco Klotz et Dind. (non e)
3 λαβών L

Tisch. vi v. 51, l. 15 Clem⁰⁶¹] Clem⁹⁷¹   p. 808, l. 9 dele Clem¹²⁵   l. 12 aeth]+Clem¹²⁵

vi 49 Syr.crt has τὸν ἄρτον for τὸ μάννα, a reading also found in a conflate form in Dabe. These variations are obviously due to the influence of v. 32.
51 In (125) the reading of M is unquestionably right. The agreement of Clement with ℵD in the omission of δέ, and with a strong Neutral and early Western group in the latter part of the verse, is of great importance towards forming an estimate of the character of his text.
53 φάγεσθε...πίεσθε. So FM in both places: P is here missing.
vii 16 The addition πατρός is also found in 33 *l* syr.hr.
18 The editors of Clement print ἀφ' ἑαυτοῦ λαβών, but no doubt this is a mere slip for λαλῶν. οὗτος before ἀληθής is not expressed by *b eff²** syr.sin.
38 The passage quoted may perhaps be a reference to this verse punctuated in the old Western way. See Robinson *Passion of St Perpetua*, p. 98. Cp. especially the title of a section in the Speculum quoted there (*Corp. Script. Eccl. Lat.* xii, p. 700). 'Quod Dominus fons uitae nuncupetur.' I do not know to what passage the words ποταμὸς εἴρηται ἐλαίου can refer. The play on the words ἔλαιον and ἔλεος is common in Clement; cp. *Paed* II viii 62 (205) and *QDS* § 29 (952).

viii 34 ff. Πᾶς μὲν οὖν ὁ ποιῶν τὴν ἁμαρτίαν δοῦλός ἐστιν ∧· ὁ δὲ δοῦλος οὐ μένει ἐν τῇ οἰκίᾳ εἰς τὸν αἰῶνα. ∧ ἐὰν δὲ ὁ υἱὸς ὑμᾶς[1] ἐλευθερώσῃ, ∧ ἐλεύθεροι ἔσεσθε καὶ ἡ ἀλήθεια ἐλευθερώσει ὑμᾶς. Strom II v 22 (440).

Πῶς δὲ ἐλεύθερον ἡ ἀκρασία καὶ ἡ αἰσχρολογία; Πᾶς γὰρ, φησὶν, ὁ ἁμαρτάνων δοῦλός ἐστιν ∧ [ὁ ἀπόστολος λέγει][2]. Strom III iv 30 (525).

44 Λέγει γὰρ ὁ κύριος· Ὑμεῖς ἐκ τοῦ πατρὸς ὑμῶν τοῦ διαβόλου ἐστὲ καὶ τὰς ἐπιθυμίας τοῦ πατρὸς ὑμῶν θέλετε ποιεῖν. ἐκεῖνος ἀνθρωποκτόνος ἦν ἀπ' ἀρχῆς καὶ ἐν τῇ ἀληθείᾳ οὐχ ἕστηκεν, ὅτι οὐκ ἔστιν ἀλήθεια ἐν αὐτῷ. ὅταν λαλῇ τὸ ψεῦδος, ἐκ τῶν ἰδίων λαλεῖ, ὅτι ψεύστης ἐστὶ καὶ ὁ πατὴρ αὐτοῦ. Strom I xvii 85 (368, 369).

...θηρία ἀνδρείκελα κατ' εἰκόνα τοῦ πατρὸς αὐτῶν τοῦ λίχνου θηρίου. Paed II i 7 (168).

56 Ἠγαλλιάσατο γάρ, φησὶν, ἵνα ἴδῃ τὴν ἡμέραν τὴν ἐμήν. Exc ex Theod § 18 (973).

ix 34 ...κἂν ἐν ἁμαρτήμασιν ᾖ γεγεννημένος. QDS § 39 (38) (956).

x 1 ff. Ἀμὴν ἀμὴν λέγω ὑμῖν, ὁ μὴ εἰσερχόμενος διὰ τῆς θύρας εἰς τὴν αὐλὴν τῶν προβάτων ἀλλὰ ἀναβαίνων ἀλλαχόθεν ἐκεῖνος κλέπτης ἐστὶ καὶ λῃστής· ὁ δὲ εἰσερχόμενος διὰ τῆς θύρας ∧ ποιμήν ἐστι τῶν προβάτων. τούτῳ ὁ θυρωρὸς ἀνοίγει. Strom v xiii 86 (698).

[Strom VII xvii 106 (897).]

2 ...ποιμένα ἑαυτὸν προβάτων λέγων. Paed I ix 84 (148).

7, 9 Εἶτα ἐπεξηγούμενος ὁ κύριος λέγει· Ἐγώ εἰμι ἡ θύρα τῶν προβάτων. Strom v xiii 86 (698).

Ἐγὼ γάρ εἰμι ἡ θύρα, φησί που. Protr i 10 (9).

Ὅθεν ὅταν εἴπῃ· Ἐγώ εἰμι ἡ θύρα, τοῦτο λέγει κτέ. Exc ex Theod § 26 (975).

8 Ναί φασι γεγράφθαι· Πάντες οἱ πρὸ τῆς παρουσίας τοῦ κυρίου κλέπται εἰσὶ καὶ λῃσταί. Strom I xvii 81 (366).

Πάντες οὖν οἱ πρὸ κυρίου κλέπται καὶ λῃσταί. Strom I xvii 84 (368).

Ἀλλ' οἱ μὲν κλέπται πάντες καὶ λῃσταί, ὥς φησιν ἡ γραφή. Strom I xxi 135 (400).

[Strom I xvii 87 (369); v xiv 140 (733).]

11 Ταύτῃ καὶ τὸν ἀγαθὸν ποιμένα ὁ ἀγαθὸς ἀπέστειλεν θεός. Protr xi 116 (89).

Ἔσθ' ὅτε οὖν ποιμένα ἑαυτὸν καλεῖ καὶ λέγει· Ἐγώ εἰμι ὁ ποιμὴν ὁ καλός. Paed I vii 53 (129).

1 ἡμᾶς L   2 seclusi

TISCH. VIII v. 34, 1. 4 Clem⁴⁴⁰]+et⁸³⁵   x v. 8, 1. 2 Clem³⁶⁶·³⁶³] Clem³⁶⁶·³⁶⁸·⁴⁰⁰   l. 5 Thdot^clem 977 ανοδιδοναι (επιδιδοναι)] Clem¹⁴⁸ επιδουσ Thdot^clem 986 επιδιδοναι

viii 34 ff. The two omissions in this verse are of more than usual interest; with regard to the τῆς ἁμαρτίας, non-interpolation would perhaps be the more correct term; the words are omitted in syr.sin in addition to D b. καὶ ἡ ἀλ. κτέ. in (440) is added from v. 32. It is strange that the editors have not seen that ὁ ἀπόστολος λέγει, which is not wanted after the φησὶν, is an incorrect gloss referring the quotation to Rom vi 16.

44 The Sahidic should be added to Tischendorf's authorities for the insertion of ὑμῶν after ἐκ τοῦ πατρός.

x 8 As Tischendorf points out, Clement appears to support the insertion of πρὸ ἐμοῦ. He seems to have omitted ἦλθον: this omission is perhaps supported by Quaestiones ex nouo Test. ii 84 (Migne xxxv 2400) where fuerunt is twice found in place of uenerunt.

11 Clement has ἀγαθός six times, the right reading καλός only once : the persistent

QUOTATIONS FROM ST JOHN. 59

Τοῦτον γὰρ μόνον ὁμολογεῖ ἀγαθὸν εἶναι ποιμένα· μεγαλόδωρος οὖν ὁ τὸ μέγιστον ὑπὲρ ἡμῶν, τὴν ψυχὴν αὑτοῦ, ἐπιδιδούς. *Paed* I ix 85 (148).

Ὁ γὰρ ἀγαθὸς ποιμὴν τὴν ψυχὴν ἑαυτοῦ τίθησιν ὑπὲρ τῶν προβάτων. *Paed* I xi 97 (156).

Ὁ γὰρ[1] ἀγαθὸς ποιμὴν τὴν ψυχὴν ˌ τίθησιν ὑπὲρ τῶν προβάτων. And lower down, ὁ αὐτὸς ἔσται ποιμήν τε καὶ νομοθέτης ἀγαθός. *Strom* I xxvi 169 (421).

x 11 f. Οὐ γάρ εἰσι τέλεον προνοητικοί, ὥσπερ ὁ ἀγαθὸς ποιμήν, ἀλλὰ μισθωτῷ παραπλήσιος ἕκαστος τὸν λύκον ὁρῶντι προσιόντα καὶ φεύγοντι καὶ οὐ προθύμῳ τὴν ψυχὴν ὑπὲρ τῶν ἰδίων προβάτων ἐπιδιδόναι. *Exc ex Theod* § 73 (986).

16 Ἔστιν δὲ καὶ ἄλλα, φησὶν ὁ κύριος, πρόβατα, ἃ οὐκ ἔστιν ἐκ τῆς αὐλῆς ταύτης. *Strom* VI xiv 108 (794).

Καὶ γενήσονται, φησίν, οἱ πάντες μία ποίμνη καὶ εἷς ποιμήν. *Paed* I vii 53 (129). [*Strom* I xxvi 169 (421).]

27 Τὰ δὲ ἐμὰ πρόβατα τῆς ἐμῆς ἀκούει φωνῆς. *Strom* VI xiv 108 (794).

30 Ἐγὼ καὶ ὁ πατὴρ ἕν ἐσμεν. *Exc ex Theod* § 61 (984).

xi 25 See on xiv 6.

43 f. Καὶ τῷ τεθνεῶτι, Λάζαρε, εἶπεν, ἔξιθι· ὁ δὲ ἐξῆλθεν τῆς σοροῦ[2] ὁ νεκρός. *Paed* I ii 6 (101).

xii 13 Cp. Mt xxi 8 Δρεψάμενοι, φησί, κλάδους ἐλαίας. ἢ φοινίκων οἱ παῖδες ἐξῆλθον εἰς ὑπάντησιν κυρίῳ καὶ ἐκέκραγον λέγοντες· Ὡσαννὰ τῷ υἱῷ Δαβίδ, εὐλογημένος ὁ ἐρχόμενος ἐν ὀνόματι κυρίου. *Paed* I v 12 (104).

35 See on i 5.

xiii 4 f. ...καὶ τοὺς πόδας ἔνιπτεν αὐτῶν σαβάνῳ περιζωσάμενος ὁ ἄτυφος θεὸς καὶ κύριος τῶν ὅλων. *Paed* II iii 38 (190).

Καὶ αὐτὸς ὁ σωτὴρ ἀπονίπτων τοὺς πόδας τῶν μαθητῶν... *Paed* II viii 63 (206).

33 Πάλιν οὖν αὐτοὺς παιδία καλεῖ· φησὶ γάρ· Παιδία, ἔτι μικρὸν μεθ᾽ ὑμῶν εἰμί. *Paed* I v 13 (105).

1 ὁ γὰρ (Lowthius)] οὕτω γὰρ ὁ L   2 σοροῦ F γῆς M (hiat P)

TISCH. XIII v. 33, l. 2 Clem[105. 072] Clem[106. 792] (cf et[556] ολιγον ετι)

change of order which accompanies the change of epithet should be noticed. While he twice quotes τίθησιν, two passages (148 and 986) seem to point to a reading ἐπιδίδωσιν : some support is thus lent to διδωσιν ℵ*D (c d vg Aug *in Joh* xlvi 5 *dat* : *b tradet* : *mm* (Bianchini) *tradat* : syr.*sin* "giveth").

x 16 Most of the Latin Versions (but not *d*) insert the copula before *unus pastor*: Tisch. does not notice the variant, and I know of no other Greek evidence for the insertion.

27 Resch *ad loc.* quotes from *Hom Clem* III 52 (Migne ii 145) τὰ ἐμὰ πρόβατα ἀκούει (cod. Ο ἀκούουσι) τῆς ἐμῆς φωνῆς.

xi 43 ἔξιθι. Cp. syr.*sin* "Come forth, come out."

xii 13 [With the statement that 'the children' went to meet the Lord with boughs of 'olive,' compare *Dial. of Timothy and Aquila* (Anecd. Oxon. Class. Series pt. viii p. 71 ed. Conybeare) ὅτι δὲ τὰ νήπια, λέγω δὴ οἱ παῖδες τῶν Ἑβραίων, ἀπάντησιν αὐτῷ ἐποιήσαντο μετὰ κλάδων ἐλαιῶν λέγοντες τὸ Ὡσαννά, κ.τ.λ. That Tatian's Diatessaron introduced 'the children' at this point is clear : comp. Ephraim's comm. (Moes. pp. 27, 207), 'The children were saying, Peace in heaven and glory in the highest'; 'Rebuke the children (the right reading) that they hold their peace.' Compare also *Acta Pilati* A. I. 5 ff. (Tisch. *Evv. Apocr.* 2nd ed. pp. 218 ff.) · J. A. R.]

xiii 4 f. With περιζωσάμενος cp. the reading of Δ in v. 4 περιέζωσεν.

Τεκνία, φησίν, ὀλίγον ἔτι μεθ' ὑμῶν εἰμί, ὁ διδάσκαλος.   *Strom* III xv 99 (556).
Αὐτός ἐστιν ὁ εἰπών· Τεκνία, ἔτι μικρὸν μεθ' ὑμῶν εἰμι.   *Strom* VI xii 104 (792).
xiv 2 Εἰσὶ γὰρ παρὰ κυρίῳ καὶ μισθοὶ καὶ μοναὶ πλείονες κατὰ ἀναλογίαν βίων.   *Strom* IV vi 36 (579).
6 'Οδός ἐστιν ὁ κύριος.   *Protr* x 100 (79).
'Αλήθεια δὲ αὕτη περὶ ἧς ὁ κύριος αὐτὸς εἶπεν¹· Ἐγώ εἰμι ἡ ἀλήθεια.   *Strom* I v 32 (335).
Ὁ δὲ λόγος τοῦ θεοῦ, Ἐγὼ, φησίν, εἰμὶ ἡ ἀλήθεια.   *Strom* V iii 16 (653).
Διὸ καί φησιν ὁ κύριος· Ἐγώ εἰμι ἡ ζωή.   *Exc ex Theod* § 6 (968).   *Cp.* xi 25.
Ὅτι μὲν οὖν αὐτὸς ἕτερος ἦν οὗ² ἀνείληφεν δῆλον ἐξ ὧν ὁμολογεῖ· Ἐγὼ ἡ ζωή· Ἐγὼ ἡ ἀλήθεια.   *Exc ex Theod* § 61 (983).
8 [*QDS* § 23 (948).]
23 'Ἀλλ' ἔνδον ἡ κουπτὸς ἐνοικεῖ πατὴρ καὶ ὁ τούτου παῖς.   *QDS* § 33 (954).
26 [*Protr* ix 85 (71).]
27 'Ἀγάπην ὑμῖν δίδωμι τὴν ἐμήν.   *QDS* § 37 (956).
xv 1 f. Καὶ δὴ αὐτὸς περὶ αὐτοῦ³ σαφέστατα ὁ κύριος⁴ ἐκφαίνει...ὁπηνίκα εἰπών· Ἐγώ εἰμι ἡ ἄμπελος ἡ ἀληθινή, καὶ ὁ πατήρ μου ὁ γεωργός ἐστιν, εἶτα ἐπήγαγεν πάλιν· Πᾶν κλῆμα ἐν ἐμοὶ μὴ φέρον⁵ καρπὸν αἴρει αὐτό, καὶ πᾶν τὸ καρποφοροῦν καθαίρει ∧ ἵνα καρπὸν πλείω φέρῃ.   *Paed* I viii 66 (138).
Ἄμπελος δὲ ὁ κύριος ἀλληγορεῖται.   *Strom* 7 ix 43 (841).
...οὐκ ἔστι κλῆμα τῆς ἀεὶ ζώσης ὑπερουρανίας ἀμπέλου.   *QDS* § 37 (956).
15 ...ἵνα τις ἀκούσῃ παρὰ τοῦ κυρίου· Οὐκέτι ὑμᾶς δούλους, ἀλλὰ φίλους λέγω.   *Strom* VII xii 79 (879).
[*Ecl Proph* § 33 (998).]
xvi 7 ...paracletum, de quo dominus dixit: Nisi ego abiero, ille non ueniet.   *Adumbr in* 1 Pe i 12; Zahn *Forsch* iii 80 (1006).
27 ...αὐτὸς...ὁ κύριος...λέγων· Αὐτὸς γὰρ ὁ πατήρ φιλεῖ ὑμᾶς, ὅτι ὑμεῖς ἐμὲ πεφιλήκατε.   *Paed* I iii 8 (102).
xvii 2 Cp. v 26 ...τὸν θεὸν τὸν...μόνον ζωῆς αἰωνίου ταμίαν, ἣν ὁ υἱὸς δίδωσιν ἡμῖν παρ' ἐκείνου λαβών.   *QDS* § 6 (939).
3 [*QDS* § 7 (939).]
11 Πάτερ ἅγιε, ἁγίασον αὐτοὺς ἐν τῷ ὀνόματί σου.   *Exc ex Theod* § 9 (969).

1 εἶπεν (Sylb.)] εἰπὼν L   2 οὗ (Sylb.)] ᾧ L   3 αὐτοῦ FM (hiat P)   4 ὁ κύριος (Sylb.)]
οὓς M   οὓς F (hiat P): forsitan legendum ὁ υἱός   5 φέρον F φέρων M (hiat P)

TISCH. XV v. 2, l. 1 aliq (ɀ¹)]+Clem¹³⁶ cod M   XVI v. 7, l. 5 Clem¹ᵃᵗ ⁹⁹⁶] Clem¹ᵃᵗ ¹⁰⁰ᵇ

xiv 2 παρὰ κυρίῳ. Resch *ad loc.* has collected considerable patristic evidence for the reading παρὰ τῷ πατρί, which is not noticed in Tisch.
27 While the form of Clement's words is taken from this verse, the context shows that he is thinking rather of xiii 34: hence the substitution of ἀγάπην for εἰρήνην. Resch *ad loc.* refers to v 9 f.
xv 1 f. Clement's agreement with *a* against D and other Latin evidence in these verses is very marked. The *fructiferum* of *a q* Novat probably represents το καρποφορον of D, but the reading of *d*, *quod* (not *qui* as Tisch. quotes) *fructum adferet*, perhaps points to a participle having originally stood in the Greek text. Resch *ad loc.* refers to this verse *QDS* § 29 (952) τὸ αἷμα τῆς ἀμπέλου τῆς Δαβίδ.
15 Resch *ad loc.* draws attention to the similarity of this quotation to Const vi 21 (Migne i 968) οὐκέτι γάρ, φησί, λέγω ὑμᾶς δούλους, ἀλλὰ φίλους.
xvii 11 Resch *ad loc.* refers the quotation in (969) to v. 17 and adduces it as evidence for an

QUOTATIONS FROM ST JOHN. 61

vii
11, 22 [*Exc ex Theod* § 36 (978).]
12 [*Protr* x 94 (76).]
17 See on v. 11.
19 [*Strom* v x 66 (686).]
21–23 Ὅτι δὲ καὶ δίκαιος ὁ αὐτὸς θεός, οὔ μοι χρὴ πλειόνων ἔτι λόγων τὴν εὐαγγέλιον τοῦ κυρίου παραθεμένῳ φωνήν. ἕνα μὲν αὐτὸν λέγει· Ἵνα πάντες ἓν ὦσι, καθὼς σὺ, πάτερ ἐν ἐμοὶ κἀγὼ ἐν σοί, ἵνα καὶ αὐτοὶ ἐν ἡμῖν ἓν ὦσιν, ἵνα καὶ ὁ κόσμος πιστεύῃ ὅτι σύ με ἀπέστειλας. κἀγὼ τὴν δόξαν ἣν ἔδωκάς μοι δέδωκα αὐτοῖς, ἵνα ὦσιν ∧ ἓν καθὼς ∧ ἡμεῖς ἕν ∧, ἐγὼ ἐν αὐτοῖς καὶ σὺ ἐν ἐμοί, ἵνα ὦσι τετελειωμένοι εἰς ∧ ἕν. *Paed* I viii 71 (140).
23 Καὶ πάλιν ὁ αὐτός· Καὶ ἠγάπησας αὐτοὺς καθὼς ∧ ἐμὲ ἠγάπησας. *Paed* I iii 8 (102).
24–26 Ὅτι δὲ ὁ αὐτὸς μόνος ὢν θεὸς καὶ δίκαιός ἐστιν ὁ αὐτὸς καὶ μόνος ὄντως[1] ἐν τῷ αὐτῷ μαρτυρήσει κύριος εὐαγγελίῳ λέγων· Πάτερ, οὓς ἔδωκάς μοι, θέλω ἵνα ὅπου εἰμὶ ἐγὼ κἀκεῖνοι ὦσι μετ' ἐμοῦ, ἵνα θεωρῶσι τὴν δόξαν τὴν ἐμὴν ἣν ἔδωκάς μοι, ὅτι ἠγάπησάς με πρὸ καταβολῆς κόσμου. πάτερ δίκαιε, καὶ ὁ κόσμος ∧ σε οὐκ ἔγνω, ἐγὼ δέ σε ἔγνων κἀκεῖνοι ἔγνωσαν ὅτι σύ με ἀπέστειλας, καὶ ἐγνώρισα αὐτοῖς τὸ ὄνομά σου καὶ γνωρίσω. *Paed* I viii 71 (140).

xix 17 Ἀλλ' οὐ κεκάρπωται ὡς ὁ κύριος· μόνον ἐβάστασε τὰ ξύλα τῆς ἱερουργίας ὁ Ἰσαὰκ, ὡς ὁ κύριος τὸ ξύλον. *Paed* I v 23 (111).
34 [*Exc ex Theod* § 61 (984).]
36 f. Κάθηνται δὲ μέχρι συντελείας ἵνα ἴδωσιν εἰς ὃν ἐξεκέντησαν. ἐξεκέντησαν δὲ τὸ φαινόμενον ὃ ἦν σὰρξ τοῦ ψυχικοῦ. Ὀστοῦν γὰρ ∧ αὐτοῦ οὐ συντριβήσεται, φησί. *Exc ex Theod* § 62 (984).
xx 22 [*Exc ex Theod* § 3 (967).]
29 Μακάριοι τοίνυν οἱ μὴ ἰδόντες ∧ καὶ πιστεύσαντες. *Strom* II ii 9 (433).
xxi 3 [*Paed* III x 52 (285).]
4 f. Ἐν γοῦν τῷ εὐαγγελίῳ, Σταθεὶς, φησίν, ὁ κύριος ἐπὶ τῷ αἰγιαλῷ πρὸς τοὺς μαθητάς— ἁλιεύοντες δὲ ἔτυχον—ἐνεφώνησέν τε· Παιδία, μή τι ὄψον ἔχετε; *Paed* I v 12 (104).
9 ...στοχαζόμενοι τῆς ἀληθοῦς εὐτελείας ἥν μοι δοκεῖ καὶ ὁ κύριος αἰνίξασθαι τοὺς ἄρτους εὐλογήσας καὶ τοὺς ἰχθύας τοὺς ὀπτοὺς οἷς κατευώχησε τοὺς μαθητάς. *Paed* II i 13 (172).

[1] ὁ αὐτὸς καὶ μόνος ὄντως] Haec uerba forsitan omittenda sunt ut e prioribus repetita

TISCH. XIX v. 36, l. 2 Thdot^clem 974] Thdot^clem 984   XX v. 22, l. 5 Thdot^clem 958] Thdot^clem 967
v. 25, l. 4 a fin Clem^999] Clem^1009

Alexandrine addition of πάτερ ἅγιε in that verse. It appears more reasonable to suppose that Clement is quoting v. 11 and that the substitution of ἁγίασον for τήρησον is due to a reminiscence of v. 17. Cyr Alex iv 983 (ed. Aubert) twice has τήρησον for ἁγίασον in quoting v. 17.
21—26 The length and general accuracy of the quotation renders it probable that Clement was not relying solely on his memory. He gives no support to the peculiar readings of D, and differs six times from BD : his text comes very near that of L, from which MS he differs only in the addition of καὶ before ὁ κόσμος in v. 21, ἔδωκα for δέδωκα in v. 22 (1°) and twice in v. 24, and in the singular reading κἀκεῖνοι in v. 25. With this last cp. d *isti* and syr.*sin* "and those have known."

ACTS.

i 7 Διὰ τοῦτο οὐδὲ τοὺς καιροὺς ὥρισεν οὓς ὁ πατὴρ ἔθετο ἐν τῇ ἰδίᾳ ἐξουσίᾳ, ἵνα διαμένῃ κατὰ τὰς γενεὰς ὁ κόσμος. *Strom* III vi 49 (534).

24 =xv 8 (καρδιογνώστης) [*Strom* v xiv 96 (704); VI xii 101 (790).]

ii 41 Κἂν ταῖς πράξεσι τῶν ἀποστόλων εὕροις ἂν κατὰ λέξιν· Οἱ μὲν οὖν <u>ἀποδεξάμενοι τὸν λόγον αὐτοῦ ἐβαπτίσθησαν</u>. *Strom* I xviii 89 (371).

v 3 ff. Φασὶ δὲ οἱ μύσται λόγῳ μόνῳ ἀνελεῖν (sc Μωυσέα) τὸν Αἰγύπτιον, ὥσπερ ἀμέλει ὕστερον Πέτρος ἐν ταῖς πράξεσι φέρεται τοὺς νοσφισαμένους <u>τῆς τιμῆς τοῦ χωρίου καὶ ψευσαμένους λόγῳ ἀπεκτεῖναι</u>. *Strom* I xxiii 154 (413).

vi 2 <u>Ἔλεγον δὲ οἱ δώδεκα προσκαλεσάμενοι τὸ πλῆθος τῶν μαθητῶν·</u> Οὐκ ἀρεστόν ἐστιν <u>ἡμᾶς καταλείψαντας τὸν λόγον τοῦ θεοῦ διακονεῖν τραπέζαις</u>. *Paed* II vii 56 (202).

vii 22 <u>Ὅθεν ἐν ταῖς πράξεσι πᾶσαν σοφίαν Αἰγυπτίων πεπαιδεῦσθαι</u> φέρεται. *Strom* I xxiii 153 (413).

x 10–15 <u>Τῶν δὲ ἀπείχετο καὶ Πέτρος</u>· ἀλλ' <u>Ἔπεσεν ἐπ' αὐτὸν ἔκστασις</u>, ὥς¹ ἐν ταῖς πράξεσι τῶν ἀποστόλων γέγραπται, καὶ θεωρεῖ τὸν οὐρανὸν ἀνεῳγμένον καὶ <u>τι σκεῦος</u> <u>τέτταρσιν ἀρχαῖς ἐκδεδεμένον</u> <u>ἐπὶ τῆς γῆς·</u> <u>πάντα τὰ τετράποδα</u> <u>καὶ τὰ ἑρπετὰ τῆς γῆς καὶ τὰ πτηνὰ τοῦ οὐρανοῦ ἐν αὐτῷ·</u> καὶ ἐγένετο φωνὴ πρὸς αὐτόν· <u>Ἀνάστα</u> <u>καὶ θῦσον καὶ φάγε</u>. <u>Πέτρος δὲ</u> εἶπεν· Μηδαμῶς, κύριε, ὅτι οὐδέποτε ἔφαγον πᾶν κοινὸν καὶ ἀκάθαρτον. καὶ <u>ἡ φωνὴ πάλιν πρὸς αὐτὸν ἐκ δευτέρου</u>· Ἃ ὁ θεὸς ἐκαθάρισεν σὺ μὴ κοίνου. *Paed* II i 16 (175).

34 f. Ναὶ μὴν καὶ ὁ Πέτρος <u>ἐν ταῖς πράξεσιν, Ἐπ' ἀληθείας καταλαμβάνομαι</u>, φησίν, ὅτι <u>προσωπολήπτης οὐκ ἔστιν ὁ θεός, ἀλλ' ἐν παντὶ ἔθνει ὁ φοβούμενος αὐτὸν καὶ ἐργαζόμενος δικαιοσύνην δεκτὸς αὐτῷ ἐστιν</u>. *Strom* VI viii 63 (772).

¹ ὡς supra lin. manu Arethae P

TISCH. x v. 11, l. 5 a fin καθιεμ.]+cf Clem supra   v. 13, l. 4 etc.]+Clem[175] αναστα και θυσον
v. 35, l. 1 etiam]+Clem[772]   l. 2 dele Clem[772]

It is remarkable that Clement nearly always names the Acts when quoting from it or referring to it. The only exceptions are an allusion to i 7 in (534), one to xvi 3 in (802), and two quotations (vi 2; xv 23, 28 f.) in (202): the quotation of xxvi 17 f. in (372) follows almost directly after one of xvii 22 ff., in introducing which the Acts is named. This fact, together with the length and general accuracy of the quotations, suggests that in the case of the Acts Clement usually referred to his codex, and did not trust to his memory.

vii 22 D* has πασαν την σοφιαν, as has Chrysostom once; but d has *omni sapientia*.
x 10—15 πτηνά for πετεινά is also found in Clement's quotation of Lc xii 24. The agreement of ἀνάστα with d (the Greek is wanting) vg and other versions should be noticed.

CLEMENT'S QUOTATIONS FROM THE ACTS. 63

xv 8 See on i 24.

23,28 f. Οἱ δὲ αὐτοὶ οὗτοι ἀπόστολοι τοῖς κατὰ τὴν Ἀντιόχειαν καὶ Συρίαν καὶ Κιλικίαν ἀδελφοῖς ἐπιστέλλοντες, Ἔδοξεν, ἔφασαν, τῷ πνεύματι τῷ ἁγίῳ καὶ ἡμῖν μηδὲν πλέον ἐπιθέσθαι ὑμῖν βάρος πλὴν τῶν[1] ἐπάναγκες[2], ἀπέχεσθαι εἰδωλοθύτων καὶ αἵματος καὶ πνικτῶν καὶ τῆς πορνείας, ⋏ ἐξ ὧν διατηροῦντες ἑαυτοὺς εὖ πράξετε. *Paed* II vii 56 (202).

28 ...καθ' ὑπεξαίρεσιν τῶν δηλουμένων κατὰ τὴν ἐπιστολὴν τὴν καθολικὴν τῶν ἀποστόλων ἁπάντων σὺν τῇ εὐδοκίᾳ τοῦ ἁγίου πνεύματος τῇ γεγραμμένῃ[3] μὲν ἐν ταῖς πράξεσι τῶν ἀποστόλων, διακομισθείσῃ δὲ εἰς τοὺς πιστοὺς δι' αὐτοῦ διακονοῦντος τοῦ Παύλου· ἐμήνυσαν γὰρ ἐπάναγκες ἀπέχεσθαι δεῖν εἰδωλοθύτων καὶ αἵματος καὶ πνικτῶν καὶ πορνείας ⋏, ἐξ ὧν διατηροῦντας[4] ἑαυτοὺς εὖ πράξειν. *Strom* IV xv 97 (606).

[29 Codex Bezae etc. Τοῦτο βραχέως ἡ γραφὴ δεδήλωκεν εἰρηκυῖα· Ὁ μισεῖς, ἄλλῳ οὐ ποιήσεις. *Strom* II xxii 139 (503).]

xvi 3 Αὐτίκα ὁ Παῦλος τὸν Τιμόθεον περιέτεμεν διὰ τοὺς ἐξ Ἰουδαίων πιστεύοντας. *Strom* VI xv 124 (802).

xvii 16 ff. Φέρεται δὲ κἀν ταῖς πράξεσι τῶν ἀποστόλων καὶ ἐν ταῖς Ἀθήναις κηρύξας τὸν λόγον. *Strom* VI xviii 165 (826).

18 ...φιλοσοφίαν...τὴν Ἐπικούρειον[5], ἧς καὶ μέμνηται ἐν ταῖς πράξεσιν τῶν ἀποστόλων ὁ Παῦλος. ...ἀλλὰ καὶ οἱ Στωϊκοί, ὧν καὶ αὐτῶν μέμνηται κτέ. *Strom* I xi 50, 51 (346).

22 f. ...καθὸ καὶ ὁ Λουκᾶς ἐν ταῖς πράξεσι τῶν ἀποστόλων ἀπομνημονεύει τὸν Παῦλον λέγοντα· Ἄνδρες Ἀθηναῖοι, κατὰ πάντα ὡς δεισιδαιμονεστέρους ὑμᾶς θεωρῶ· περιερχόμενος γὰρ καὶ ἀναθεωρῶν τὰ σεβάσματα ὑμῶν εὗρον καὶ βωμὸν ἐν ᾧ ἐπεγέγραπτο· Ἀγνώστῳ θεῷ. ὃν οὖν ἀγνοοῦντες εὐσεβεῖτε, τοῦτον ἐγὼ καταγγέλλω ὑμῖν. *Strom* V xii 82 (696).

22-28 Ὁ Παῦλος ἐν ταῖς πράξεσι τῶν ἀποστόλων ἀναγράφεται λέγων πρὸς τοὺς Ἀρεοπαγίτας· Δεισιδαιμονεστέρους ὑμᾶς θεωρῶ· διερχόμενος γὰρ καὶ ἱστορῶν τὰ σεβάσματα ὑμῶν εὗρον ⋏ βωμὸν ἐν ᾧ ἀνεγέγραπτο· Ἀγνώστῳ θεῷ. ὃν οὖν ἀγνοοῦντες εὐσεβεῖτε, τοῦτον ἐγὼ καταγγέλλω ὑμῖν. ὁ θεὸς ὁ ποιήσας τὸν κόσμον καὶ πάντα τὰ ἐν αὐτῷ, οὗτος οὐρανοῦ καὶ γῆς ὑπάρχων κύριος οὐκ ἐν χειροποιήτοις ναοῖς κατοικεῖ οὐδὲ ὑπὸ χειρῶν ἀνθρωπίνων θεραπεύεται ⋏ προσδεόμενός τινος, αὐτὸς δοὺς πᾶσι ζωὴν καὶ πνοὴν καὶ τὰ πάντα· ἐποίησέ τε ἐξ ἑνὸς ⋏ πᾶν γένος ἀνθρώπων κατοικεῖν

1 τούτων P τῶν F   2 ἐπ' ἀνάγκης habuit P ut uid. sed pr. man. in ἐπάναγκες correctum est   3 τὴν γεγραμμένην et infra διακομισθεῖσαν J. B. Mayor   4 διατηροῦντες L   5 ἐπικούριον L

xv 29 It is clear from (202) and (606) that Clement did not find the negative "golden rule" in the codex of the Acts. In (503) he may very well be quoting Tobit iv 15. But see Resch *Agrapha* pp. 95 f., and Lake in the *Classical Review* for April 1897 pp. 147 f.

xvii 23 With περιερχόμενος in (696) cp. *d circumambulans* (D has διερχ. vg *praeteriens*). In (696) Clement has the usual ἀναθεωρῶν, but in (372) ἱστορῶν: D has διστορων. The καί before βωμόν is also omitted by the Sahidic and Bohairic versions.

64 CLEMENT'S QUOTATIONS FROM THE ACTS.

ἐπὶ παντὸς προσώπου τῆς γῆς, ὁρίσας προστεταγμένους καιρούς καὶ τὰς ὁροθεσίας τῆς κατοικίας αὐτῶν, ζητεῖν τὸ θεῖον εἰ ἄρα ∧ ψηλαφήσειαν ∧ ἢ εὕροιεν¹ ἄν, καίτοι οὐ μακρὰν ἀπὸ ἑνὸς ἑκάστου ἡμῶν ὑπάρχοντος. ἐν αὐτῷ γὰρ ζῶμεν καὶ κινούμεθα καὶ ἐσμὲν ∧, ὡς καί τινες τῶν καθ' ὑμᾶς ποιητῶν εἰρήκασιν· Τοῦ γὰρ καὶ γένος ἐσμέν. *Strom* I xix 91 (371, 372).

xvii 24, 25 Διδασκαλικώτατα ἄρα ὁ Παῦλος ἐν ταῖς πράξεσι τῶν ἀποστόλων, 'Ο θεὸς ὁ ποιήσας τὸν κόσμον, φησί, καὶ πάντα τὰ ἐν αὐτῷ, οὗτος οὐρανοῦ καὶ γῆς κύριος ὑπάρχων οὐκ ἐν χειροποιήτοις ναοῖς κατοικεῖ οὐδὲ ὑπὸ χειρῶν ἀνθρωπίνων θεραπεύεται ∧ προσδεόμενός τινος, αὐτὸς διδοὺς πᾶσι πνοὴν καὶ ζωὴν καὶ τὰ πάντα. *Strom* v xi 75 (691).

xxvi 17 f. Ἀπέστειλα οὖν διὰ τοῦτό σε εἰς τὰ ἔθνη ἀνοῖξαι, φησίν, ὀφθαλμοὺς αὐτῶν, τοῦ ἐπιστρέψαι ἀπὸ σκότους εἰς φῶς καὶ ∧ τῆς ἐξουσίας τοῦ Σατανᾶ ἐπὶ ∧ θεόν, τοῦ λαβεῖν αὐτοὺς ἄφεσιν ἁμαρτιῶν καὶ κλῆρον ἐν τοῖς ἡγιασμένοις ∧ πίστει τῇ εἰς ἐμέ. *Strom* I xix 92 (372).

¹ εὕροιαν L

xvii 27 Clement's agreement with D Iren int 197 (v. ii, p. 64 ed Harvey) in substituting the neuter for τὸν θεόν is worth noticing. In the *Classical Review* for June 1897, Prof J. B. Mayor says on this passage: "ἄν is merely a dittography of the preceding syllable, and ὑπάρχοντος is a scribe's corruption to suit the preceding genitive." But it should be noticed that ὑπάρχοντος is found in E and one Lectionary.

www.ingramcontent.com/pod-product-compliance
Lightning Source LLC
Chambersburg PA
CBHW070938160426
43193CB00011B/1732